AF189654

Das kleine Handbuch der Rhetorik ^{2100}

Interviews führen
Darf ich Sie mal fragen?

Horst Hanisch

© Zweite Auflage: 2019 by Horst Hanisch, Bonn

© Erste Auflage: 2017 by Horst Hanisch, Bonn

Bibliografische Information der Deutschen Nationalbibliothek: Die Deutsche Nationalbibliothek verzeichnet diese Publikation in der Deutschen Nationalbibliografie; detaillierte bibliografische Daten sind im Internet über dnb.dnb.de abrufbar.

Der Text dieses Buches entspricht der neuen deutschen Rechtschreibung.

Aus Gründen der einfacheren Lesbarkeit wird auf das geschlechtsneutrale Differenzieren, zum Beispiel Mitarbeiter/Mitarbeiterin weitestgehend verzichtet. Entsprechende Begriffe gelten im Sinne der Gleichbehandlung für alle Geschlechter.

Idee und Entwurf: Horst Hanisch, Bonn

Lektorat: Alfred Hanisch, Bonn; Annelie Möskes, Bornheim

Buchsatz: Guido Lokietek, Aachen; Horst Hanisch, Bonn

Umschlag: Christian Spatz, engine-productions, Köln; Horst Hanisch, Bonn

Zeichnungen: Horst Hanisch, Bonn

Herstellung und Verlag: BOD – Books on Demand GmbH, Norderstedt

ISBN: 978-3-7448-4003-3

Das kleine Handbuch der Rhetorik [2100]

Interviews führen
Darf ich Sie mal fragen?

Inhaltsverzeichnis

Einleitung

„Darf ich Sie mal fragen?"

Sie wollen wissen, was Menschen von Ihrem neuen Werbeprospekt halten? Dann heißt es raus auf die Straße und eine Umfrage starten. Da Sie saubere und ehrliche Ergebnisse erzielen wollen, müssen die gestellten Fragen in einer bestimmten Art und Reihenfolge gestellt werden.

Wer, wann und wo im Fußgängerbereich fragt soll im Vorfeld gut überlegt sein, da der Fragende, die Uhrzeit und der Befragungsort Einfluss aufs Ergebnis nehmen.

Etwas anders verhält es sich in Interviews. Hier richten sich die gestellten Fragen teilweise nach den Antworten des Interviewten.

Der Interviewer muss flexibel sein, seine Ziele hingegen nicht aus den Augen verlieren. Auch hier bedarf es einer sehr guten Vorbereitung und Einsatz abwechslungsreicher Fragen.

Gute Interviews schaffen es immer wieder, Neues vom Befragten zu erfahren und in manchen Fällen sogar eine Fehlaussage zu entlarven.

Im letzten Teil des Handbuchs widmen wir uns dem Umgang mit der Presse. Wie gibt der Pressesprecher gewünschte Informationen an die Journalisten weiter und beantwortet verantwortlich die kritisch gestellten Fragen?

Also, haben Sie mal eine Minute Zeit?

Praxisnah, zeitgemäß und kompakt. Das sind drei interne Vorgaben für unsere Rhetorik-Ratgeber. In unserer Reihe der kleinen Rhetorik-Handbücher wird jeweils ein wesentlicher Teil aus dem umfangreichen Bereich der Rhetorik kompakt vorgestellt.

Die Themenbereiche sind beispielsweise den Büchern ‚Das große Buch der Rhetorik [2100]' oder ‚Trickreiche Rhetorik [2100]' vom selben Autor entnommen.

Die Zahl 2100 steht dabei für das 21. Jahrhundert, was die Aktualität der Themen unterstreicht.

Diese entsprechen den heutigen Anforderungen im beruflichen Umgang miteinander.

Im vorliegenden Ratgeber „Rhetorik – Interviews führen"
wird schwerpunktmäßig auf folgende Themen eingegangen:

- Geschickte Fragetechnik

- Die ehrliche und die manipulierende Umfrage

- Das Interview und der Umgang mit der Presse

Viel Erfolg bei der Vertiefung bestehenden Wissens und er-
folgreichen Einsatz im Berufsleben.

Teil 1 – Geschickte Fragetechnik

Geschickte Fragen stellen

Das Interview und die Umfrage

Sie haben den Auftrag, eine Umfrage auf der Straße durchzuführen. Oder – Sie wollen ein Produkt verkaufen.

Oder – Sie haben sich als Ziel gesteckt, ein optimales Verkaufsgespräch, Bewerbungsgespräch oder Überzeugungsgespräch zu führen.

In vielen Fällen (vielleicht sogar in allen?) ist es das Ziel, den Gesprächspartner manipulierend so weit zu bringen, dass er Ihre Zielfrage (das ist die zuletzt gestellte Frage im Gespräch) in Ihrem Sinne beantwortet. Nämlich: Er soll ‚Ja‘ sagen zu Ihrer Ware, Ihrer Arbeitskraft, Ihrem Projekt.

Es geht auch tiefgreifender: Nehmen wir an, Sie möchten, dass Ihr Mitarbeiter in Zukunft 20 % mehr Arbeitsleistung erbringt – ohne gleichzeitig einen finanziellen Ausgleich zu erhalten: er wird wohl eher abgeneigt sein.

Durch das Vorschalten eines entsprechenden Fragekataloges wird er am Ende aber (wahrscheinlich) mit ‚Ja‘ antworten.

Demoskopie

Neben dem Interview, das nur mit einer Person durchgeführt werden kann (zum Beispiel im Bewerbungsgespräch), wird die sogenannte öffentliche Meinungsumfrage als Demoskopie bezeichnet (seit G. Gallup, 1936).

Verwechseln Sie ‚Interview‘ – sei es manipulierend oder informierend angelegt – nicht mit ‚Umfrage‘. In einer Umfrage soll ein tatsächliches Ergebnis ohne manipulative Einflüsse erzielt werden.

Zum Beispiel, wie viele Menschen morgens Kaffee trinken, oder Tee, oder Saft. Das Ergebnis wird dann statistisch festgehalten.

Face to face oder via Technik

Kehren wir zurück zum Interview, wobei wir im Folgenden keinen Unterschied zwischen den drei Interviews machen:

- face to face (Gesicht zu Gesicht, also Befragter und Fragender/Interviewer stehen sich unmittelbar [physisch] gegenüber)

- telefonisches Interview
- schriftliches Interview

Methodik

Die Methodik (griech. ‚methodos') bedeutet etwa: Der Weg, um etwas zu erreichen. Demnach ist der Einsatz eines Fragebogens der Weg, um bestimmte Daten zu erhalten.

Um einen möglichst seriösen Durchschnittswert für eine statistische Auswertung zu erhalten, werden meist 1.000 bis 2.000 Personen befragt. In seriösen Quellen findet sich beispielsweise die Angabe ‚1.004 Befragte'.

Dabei muss der benutzte Fragebogen möglichst objektiv erstellt werden. Zum Beispiel sollen weder suggestive Fragen noch überfordernde Fragen enthalten sein.

Auch soll der Fragebogen unabhängig von Ort (Standort während der Befragung) und Zeit (Zeitpunkt, an dem das Interview geführt wird) gleiche Gültigkeit haben und in jedem vergleichbaren Fall (sinn-)gleich beantwortet werden.

Das bedeutet: Ob die Hausfrau morgens um 9:00 Uhr auf dem Markt oder nachmittags an der Haustür befragt wird, die Antworten sollten jeweils gleich gegeben werden.

Questionnaire

Neben einer Vielzahl von Interviews und anderen Befragungsformen in der Medizin, Therapie und Psychologie (zum Beispiel Beratungsinterview), auf die hier aber nicht weiter eingegangen wird, findet sich der Questionnaire, der mit einem feststehenden Bereich von Fragen zum Beispiel für diagnostische Zwecke eingesetzt wird.

Peinliche Befragung

Im späten Mittelalter gab es die sogenannte Peinliche Befragung, wobei ‚peinlich' nicht im heutigen Sinn zu betrachten ist, sondern von ‚Pein', nämlich ‚Schmerz' herkommt.

Somit ist sofort klar, was es mit dieser Befragung auf sich hatte. Sie wurde durch die Inquisition (lat. inquisitio' für ‚Untersuchung') und bei der Hexenverfolgung eingesetzt und war mit Folter verbunden.

Diese Art der Befragungen lässt das vorliegende Handbuch natürlich aus.

Durch Fragen lenken

Wer fragt, der führt

Es gilt als altbekannte Weisheit, dass der Fragende ein Gespräch in die Richtung lenken kann, in die er will.

Natürlich hat auch der Gesprächspartner die Möglichkeit, durch die Wahl und die Art seiner Antwort den Dialog zu beeinflussen.

Trotz allem liegt die Hauptkraft des Dialogs in der überlegten Fragestellung.

Mit Interesse und interessant lenken

Interessante Interviews ergeben sich hauptsächlich dadurch, dass überlegte und gleichzeitig lenkende Fragen gestellt werden.

Unterschiedliche Fragearten

Dazu gibt es eine Vielzahl von Fragearten. Es wäre nämlich stinklangweilig, immer nur mit derselben Art der Fragen zu befragen.

Offen gestellte Fragen ermöglichen, ausgiebige Antworten zu geben.

Ja-Nein-Fragen beziehungsweise -Antworten dienen zur Bestätigung oder Klärung bei Unklarheiten.

Viele taktische Fragen ‚hinterfragen' das Gesagte und lassen dann tiefer in die gedankliche Welt des Befragten dringen.

Auf diese Weise kommen oft hochinteressante und vorher nicht absehbare Erkenntnisse zu Tage.

Wird in Folge hin und wieder von einem Interview gesprochen, ist damit auch ein sonstiger Austausch oder Dialog denkbar.

Befragungskonstruktion: hart/weich

In einem Gespräch beziehungsweise in einem Interview gibt es eine ‚harte' und eine ‚weiche' Vorgehensweise.

Bei der harten Vorgehensweise ist das Ziel die fokussierte (gezielte) Befragung mit vielen geschlossenen Fragen. Sie bringt dem Befragten nur wenig Raum, eigene Ausführungen einzubringen.

Narrative Befragung

Bei der weichen Vorgehensweise wird von einer narrativen (erzählenden) Befragung mit vielen offenen Fragen gesprochen.

Diese Vorgehensweise gibt dem Befragten viel Raum, mehr als nur mit ‚ja' oder ‚nein' zu antworten.

Beide Vorgehensweisen können natürlich gemischt werden.

Für die Auswertung beziehungsweise Erfassung für eine Statistik bei mehreren Befragungen ist eine ‚harte' Vorgehensweise sicherlich einfacher, da Ja- und Nein-Antworten leichter zu erfassen und zu zählen sind als offene Antworten.

Bei der ‚weichen' Vorgehensweise muss mehr zeitlicher Raum für die Auswertung der Bögen eingeplant werden, da verständlicherweise die offenen Fragen viel komplexer und unstrukturierter beantwortet werden können.

Fragen müssen eindeutig zu beantworten sein

Grundsätzlich müssen alle gestellten Fragen für den Befragten eindeutig zu beantworten sein, <u>wer</u> auch immer fragt, und <u>wann</u> und <u>wo</u> befragt wird.

Deshalb wird in den Fragen eine Sprache beziehungsweise werden Wörter gewählt, die von den Befragten verstanden werden.

Es ist sinnlos (im Sinn der neutralen Professionalität), seine Untersuchungen und Ergebnisse auf verbale Missverständnisse aufzubauen.

Befragungsfehler vermeiden

Bei Befragungen und vor allem bei ihren Auswertungen lässt sich sehr viel manipulieren. Bekanntlich lässt sich eine statistische Angabe so oder so lesen beziehungsweise darstellen.

Allerdings lässt sich eine Befragung auch so durchführen, dass der Befragte durch die Fragestellung absichtlich manipuliert werden soll.

Die Fragen werden nach und nach so aufgebaut, um den Befragten in eine bestimmte Richtung zu lenken. Wir gehen auf diese Variante später in diesem Handbuch ein.

Sauberes Ergebnis

Bleiben wir dabei, dass Sie ein sauberes, echtes Ergebnis erreichen wollen, sollten Sie typische Befragungsfehler vermeiden.

Diese Befragungsfehler passieren oft unüberlegt.

Durch ungenaue, falsche oder falsch interpretierte Antworten kann sich eine folgenschwere Fehlinterpretation ergeben.

Auf das falsche Ergebnis hin wird möglicherweise später aufgebaut. Ist die Basis brüchig oder fehlerhaft, kann der Aufbau auch wackeln.

Im Falle eines Gutachtens könnte dieses schnell ‚gekippt' werden, was es wertlos macht.

Entscheidungen, die aufgrund fehlerhafter Basisdaten erfolgen, können finanzielle Schäden folgen lassen und bis zum beruflichen Ruin führen.

Aus diesen Überlegungen sollte klar werden, wie wichtig es ist, Befragungsfehler möglichst zu vermeiden.

Können Sie seriös vorgehen, antwortet der Befragte anders, im Sinn von ehrlicher. Ein unbeeinflusstes Ergebnis kann erhalten werden.

Betrachten wir im Folgenden einige dieser Befragungsfehler. Nennen wir sie ‚Unfaire Befragung'. Überlegen Sie, wie Sie solche Verhaltensmuster vermeiden können.

Unfaire Befragung 1: Unterforderung

Erscheinen dem Befragten die Fragen zu einfach, wird er schnell desinteressiert sein. Vielleicht fühlt er sich sogar veralbert. Ob dann die Antworten noch seriös sind?

Andererseits lässt es den Befragten in der Regel klug aussehen, wenn leicht zu beantwortende Fragen gestellt werden.

Somit können Sie jemanden ‚hochloben' und ihm daraufhin einen Auftrag erteilen, wohl wissend, dass er ihn nicht ausführen kann.

Manchmal wird solch eine Vorgehensweise eingesetzt, um jemanden zur eigenen Kündigung zu bewegen.

Nämlich dann, wenn er selbst erkennt, der Lage beziehungsweise der Aufgabe nicht gewachsen zu sein.

Unfaire Befragung 2: Überforderung

Benutzen Sie viele Fremdwörter oder Fachvokabularien, wobei Sie nicht sofort erklären, was Sie darunter verstehen, kann eine Überforderung des Befragten vorliegen.

Ihr Gegenüber kann leicht in die Klemme geraten, wenn er das Fremdwort nicht kennt.

Das ist natürlich besonders unfair, da Sie unter Umständen genau beobachten können, wie sich Ihr Gegenüber windet oder unter seinem scheinbaren Nichtwissen leidet.

Sollte Ihr Gesprächspartner seinerseits so mit Ihnen umgehen, können Sie ihn relativ leicht entwaffnen.

Fragen Sie ganz einfach nach der deutschen Übersetzung des Fremdwortes. Es kann sein, dass Sie ihn somit in eine peinliche Lage bringen, wenn er selbst das Fremdwort nicht sofort und eindeutig übersetzen kann.

Versuchen Sie selbst einmal, ein beliebiges Fremdwort ins Deutsche zu übersetzen. Sie werden feststellen, dass das manchmal recht knifflig ist.

Übrigens, wenn Sie nachfragen, scheinen Sie eine Schwäche – da Nichtwissen – zu offenbaren. Tatsächlich ist die Vorgehensweise als Stärke zu bezeichnen, da Sie stark genug sind, eine vermeintliche Schwäche zuzugeben.

Unfaire Befragung 3: Angst auslösen

Hat der Befragte Angst, etwas von sich preiszugeben, so-dass ihm später ein Nachteil entstehen könnte, wird er anders antworten, als es der Wahrheit entsprechen mag.

Eine Befragung im Beisein des Vorgesetzten des Befragten könnte solch eine Situation sein.

Auch zeitliche oder Angst, den Arbeitsplatz zu verlieren, gehören hierzu.

Selbstverständlich kann gerade die Situation – wissentlich unfair – gezielt eingesetzt werden.

Unfaire Befragung 4: Peinliche Situationen auslösen

Sie bringen den Befragten in eine für ihn peinliche Situation, wenn Sie ihn zu gesellschaftlichen ‚Tabu'-Themen im Beisein von anderen befragen.

Klassischerweise zählt hierzu die persönliche Einstellung zu Religion, Politik, Sexualität, zur familiären Situation, zu Krankheiten usw.

Je nachdem, wann, wo und von wem möglicherweise in Anwesenheit Dritter gefragt wird, erhält der Interviewer unterschiedliche Ergebnisse.

Die Antworten können gar nicht ehrlich sein.

Unfaire Befragung 5: Unbekanntes Wissen erfragen

Befragen Sie lange zu einem (fachlichen) Thema, bei dem Sie davon ausgehen können, dass der Befragte keine oder wenig Kenntnis zur Materie hat, lassen Sie ihn ‚klein' aussehen.

Wollen Sie mit Ihrem eigenen Wissen prahlen? Vielleicht vor anwesenden Dritten? Haben Sie das nötig?

Vorsicht: Jemand, der bloßgestellt wird, neigt dazu, sich zu rächen.

Sie riskieren, sich einen ‚Feind zu machen', der Sie irgendwann einmal bloßstellen wird.

Unfaire Befragung 6: Schachtelsätze verwenden

Stellen Sie schwierig zu verstehende Fragen oder benutzen Sie Schachtelsätze, fällt es den meisten Befragten schwer, gedanklich zu folgen. Wie soll er jetzt vernünftig antworten können?

Bilden Sie selbst Endlosfragen, passen Sie auf, dass Sie nicht den Anfang Ihres Satzes vergessen haben, wenn Sie endlich am Ende angekommen sind.

Der Durchschnitts-Mensch versteht nur Durchschnitts-Sätze. Einfache Sätze bestehen ungefähr aus sieben Wörtern.

Das Fernseh-Programm bietet einige seriöse Talk-Runden an. Wenn die Moderatorin beziehungsweise der Moderator endlos lange Fragen stellt und diese gegebenenfalls noch mit einem ,oder' durch eine endlos lange zweite Wortreihe verlängert, verliert der Befragte unter Umständen den Überblick.

Er muss nachfragen, was die seriöse Fragestellung in sich schon fraglich werden lässt.

Unfaire Befragung 7: Antworten suggerieren

Eine Menge der Fragen können als sogenannte Suggestiv-Fragen, also Fragen, die beeinflussen, angesehen werden.

Im Sinn der seriösen Antwort sind demnach Suggestiv-Fragen fehl am Platze.

In Verkaufsgesprächen oder in Überzeugungsgesprächen werden sie hingegen gerne benutzt, um den Befragten bewusst zu lenken.

Es ist nachvollziehbar, dass alle Fragen sowieso manipulierend eingesetzt werden können.

Daraus sollte erkannt werden, wie extrem schwierig es ist, einen Fragebogen für eine Umfrage zu erstellen, der den Befragten so wenig wie möglich in der Wahl seiner Antworten beeinflusst.

Manchmal hilft die Suggestion, eine Entscheidung zu treffen.

Unfaire Befragung 8: In die Länge ziehen

Dauert der Austausch zu lange oder steht der Befragte unter Zeitdruck, wird er ebenso ungern und damit möglicherweise unrichtige Antworten geben.

Er kann gelangweilt, genervt oder unaufmerksam werden, was sich auf die Antworten auswirken kann.

Beginnen Sie den Austausch gleich. Wenn Sie es absehen können, geben Sie ein Zeitfenster vor. Das vermittelt eine gewisse Sicherheit.

Unfaire Befragung 9: Überrumpelung

Auch dieses ist eine deutliche Art der Manipulation, indem in der Fragestellung bereits eine Behauptung aufgestellt ist.

Hier handelt es sich um eine taraktische (verwirrende) Frage.

Ein Beispiel: „Hat der Nachbar auf dem Balkon oder im Treppenhaus geraucht?"

In dieser Frage wurde unterstellt, dass der Nachbar geraucht hat. Aber vielleicht war er ohne Tabakware unterwegs.

Schnell fällt der Befragte hierauf rein, da er (automatisch) annimmt, dass geraucht wurde. In seinem Gehirn baut sich fast automatisch das Bild einer rauchenden Person auf, obwohl es gar nicht so gewesen sein muss.

Aufpassen, wenn Ihnen eine Frage dieser Art gestellt wird. Nicht sofort antworten, sondern erst überlegen, ob überhaupt geraucht wurde.

Unfaire Befragung 10: Gekoppelte Fragen

Fragen, die mit ‚und' verknüpft sind, sind manchmal nicht eindeutig zu beantworten.

„Sind Sie der Meinung, dass die Innenstädte autofrei gestaltet werden sollten und jeder Haushalt maximal nur noch ein Fahrzeug besitzen darf?"

Vielleicht können Sie beide Überlegungen bestätigen oder finden beide nicht angebracht. Vielleicht würden Sie aber einer der beiden Überlegungen zustimmen wollen. Wie sollen Sie nun vernünftig mit ‚Ja' oder ‚Nein' antworten?

Unfaire Befragung 11: Auftreten des Fragenden

Als Fragender haben Sie natürlich einen erheblichen Einfluss auf die Beantwortung der Fragen.

Erscheinen Sie sympathisch, erhalten Sie unter Umständen andere Antworten als bei einem unsympathischen Auftreten.

Weiter spielt eine Rolle, ob eine Frau oder ein Mann auftritt, ob diese Person alt oder jung ist, wie das allgemeine Auftreten ist, mit welchen Umgangsformen die Person auftritt usw.

Hier können Überlegungen greifen, wenn Sie mit Gesprächs-partnern anderer Kulturen zu tun haben.

Beispielsweise tun sich viele arabische Geschäftsleute schwer, Frauen als gleichwertige Gesprächspartner anzuse-hen.

Unfaire Befragung 12: Arrogantes Auftreten

Tja, und abschließend richten wir unsere Aufmerksamkeit auf den geschniegelten Typen dort drüben am Stehtisch, mitten drin in der Netzwerkveranstaltung.

Die linke Hand in der Hosentasche, mit der rechten Hand gestikulierend und zwischendurch das Glas zum Mund füh-rend.

Makellos sauber gebügeltes Hemd, korrekt gebundene Kra-watte, staubfreier Anzug, blitzblank geputzte Lederschuhe.

Zwischendrin kurz eine sms vom neuesten Smartphone ab-lesend und gleichzeitig unauffällig die Gegend nach Bekann-ten abtastend.

Die Trendfrisur scheint gerade aus den pflegenden Wunder-Händen eines Haar-Stylisten entlassen, die Gesichtshaut ist pickel- und narbenfrei.

Selbstverständlich weiß dieser Typ sich in mehreren Spra-chen frei zu artikulieren, immer wieder ein überzeugendes Lachen hören lassend und den Mund dabei so weit öffnend, dass die makellos blanchierten Zähne in den Raum blitzen können.

Das sind sie, die Jung- und Altmanager unserer Gesellschaft, die die Gegenwart bewegen und die Zukunft steuern.

Sprachfetzen wehen herüber:

„Mein Haus, mein Auto, meine Frau."

„Das weiß doch jeder."

„Die Cocktails auf der Kreuzfahrt waren sauteuer."

„Bei meinem Lieblingsfranzosen in San Tropez …"

„Silvester in Kitzbühel …"

„Das sind doch Peanuts."

Gratulation zu deren Erfolg.

Möchte jeder Befragte solchen Typen im Austausch gegen-übersitzen?

Understatement

Mancher würde diese Zeitgenossen trotz ihres möglichen Er-folgs als arrogant und unangenehm empfinden.

Es stellt sich die Frage, ob Sie so wirken wollen? Ist es viel-leicht sogar geschickter, etwas unauffälliger aufzutreten.

Lieber etwas Understatement (ein bewusstes Untertreiben) zeigen?

Sie wissen doch: „Wer hoch steht, fällt tief." Und dann ist die Schadenfreude groß.

Wer es nicht nötig hat zu übertreiben und grenzenlos zu de-monstrieren, was ihm alles gehört, wird angenehmer als Ge-sprächs- und Geschäftspartner gesehen.

Zeigen Sie Ihre Stärke durch eine natürliche Autorität, allein schon durch Ihr Charisma, Ihre positive Ausstrahlung und natürlich durch Ihre perfekte, wenn auch trickreiche Rheto-rik.

Schließlich wissen Sie, was Sie erreicht haben, was Sie kön-nen und wissen. Überzeugen Sie eher durch Ihre Mensch-lichkeit.

Fragearten: Information oder Taktik?

Hören Sie Fragenden zu, erkennen Sie eine große Vielfalt verschiedener Fragearten. Diese Varianten werden in zwei Gruppen geordnet, um eine einigermaßen vernünftige Übersicht aller möglichen Fragearten zu erhalten.

Informationsfragen taktische Fragen

Informationsfragen	Die Informationsfrage dient der Informations-Gestaltung und/oder der Bedarfsklärung. Dazu gehören: 1. Geschlossene Frage 2. Offene Frage 3. Halboffene Frage (Cluster-Frage) oder Multiple Choice Frage
Taktische Fragen	Die taktische Frage dient der Gesprächs-Lenkung und/oder der Gestaltung einer Gesprächs-Atmosphäre.

Selbstverständlich können Sie alle Fragearten nach Belieben einsetzen.

Wie die Informationsfragen in ihrer eigenen Benennung bereits ausdrücken, werden sie gezielt dazu eingesetzt, um eine Unklarheit zu klären, um Wissen aufzubauen oder eine Informationssammlung zu ermöglichen.

Die zweite Gruppe der taktischen Fragen ist viel umfangreicher. Sie dient dazu, um jemanden in bestimmte gewünschte Situationen zu bringen, demnach das Gespräch im Sinne des Fragenden zu lenken.

Selbstverständlich hat jede Frageart ihre Existenz-Berechtigung; sonst gäbe es sie ja gar nicht.

Der geschickt Fragende setzt ganz gezielt die Frageart ein, die der Situation am besten entspricht oder die am ehesten zum Ziel führt.

Informationsfragen – Ich will's wissen

Wenden wir uns zunächst der ersten Gruppe der Informationsfragen mit ihren drei Untergruppen zu.

Informationsfrageart 1: Geschlossene Frage

Die geschlossene Frage beginnt mit einem Verb. „Gefällt Ihnen meine Idee?"

Vernünftig kann hier nur mit ‚ja' oder ‚nein' geantwortet werden.

Neben dem tatsächlichen Checken eines Punktes findet sich eine geschlossene Frage gerne bei Gesprächseinstieg („Haben Sie gut hergefunden?") oder als Zielfrage; das ist die letzte Frage in einer Umfrage („Also unterschreiben Sie jetzt hier diesen Antrag?").

Ist Ihr Gesprächspartner gehemmt, helfen ihm geschlossene Fragen, leichter in den Dialog einzusteigen.

Informationsfrageart 2: Offene Frage

Die offene Frage beginnt mit einem Fragewort: „Wo ...?", „Was ...?"

Eine vernünftige Antwort ist nicht mit ‚ja' oder ‚nein' möglich.

Der Antwortende muss sich deutlicher erklären.

Durch die offene Frage kann der Fragende gute Hintergrundinformationen erhalten.

Gegenüberstellung offener und geschlossener Fragen

Offene Fragen	Geschlossene Fragen
Gebrauch	
Der Gesprächspartner wird in den Dialog aktiv einbezogen.	Entscheidungen sollen getroffen werden.

Der Gesprächspartner soll möglichst viele Informationen preisgeben.	Vereinbartes soll gegengecheckt werden.
	Vereinbartes soll verstärkt werden.
	Als Zielfrage im Interview oder im Verkaufsgespräch.

Offene Fragen	Geschlossen Fragen
Vorteile	
Der Gesprächspartner hat Freiraum zu eigenen Ausführungen.	Der Zeitaufwand für ein Gespräch oder Interview ist begrenzt.
Es wird eine positive Gesprächsatmosphäre aufgebaut.	Entscheidungen sollen getroffen werden.
Aufbauen von Vertrauen.	Hilft gehemmten Gesprächspartnern zu Beginn eines Dialogs.
	Fragebögen sind leicht auswertbar.
	Die Antworten sind relativ leicht kalkulierbar.

Offene Fragen	Geschlossen Fragen
Nachteile und Risiken	
Es können langatmige Monologe entstehen.	Es kann der Eindruck eines militärischen Verhörs entstehen.

Vom Fragenden wird Flexibilität in der Fragestellung erwartet.	Lassen dem Gesprächspartner keinen Spielraum.
Es wird auf etwas anderes geantwortet als auf die ursprüngliche Frage.	Gefährden die Ausgewogenheit im Dialog.
Mögliche Antworten lassen sich nicht vorprogrammieren	Können verunsichern und dadurch den Gesprächspartner in seinen Ausführungen blockieren.

Informationsfrageart 3: Halboffene Frage (Cluster-Frage) oder Multiple Choice Frage

Bei dieser Frageart sind zum Beispiel Felder zum Ankreuzen vorgesehen. „Wie oft benutzen Sie die Rechtschreibprüfung in Ihrem Textprogramm?"

Mögliche vorgegebene Antwortfelder: sehr oft – manchmal – nie.

Der Antwortende kann (nur) aus einer der vorgegebenen Möglichkeiten wählen.

Bei der Multiple Choice Frage können auch mehrere Antwortfelder angekreuzt werden.

Mehrfachnennungen sind möglich. „Wo verbringen Sie gerne Ihren Urlaub?"

Mögliche Felder zum Ankreuzen: zu Hause – in den Bergen – am Wasser – in Städten.

Taktische Fragen – Ich will manipulieren

Wer manipulieren will, arbeitet oft mit taktischen Fragen.

Taktische Frageart 1: Suggestiv-Frage

Die erwartete Antwort ist hier bereits vorgegeben.

Der Befragte soll im Sinn des Befragenden antworten. Mit einer suggestiven Frage ist der Befragte relativ leicht zu beeinflussen.

„Sie arbeiten doch sicherlich gerne mit uns zusammen, oder?"

Was soll er nun antworten, der Arme?

Gern benutzte Wörter in der Suggestiv-Frage sind: sicherlich, wohl auch, gewiss, nicht wahr.

Taktische Frageart 2: Alternativ-Frage

Die Alternativ-Frage ist eine spezielle Suggestiv-Frage.

„Bevorzugen Sie A oder B?"

Zwei Möglichkeiten werden vorgegeben; dadurch ist als vernünftige Antwort kein ‚Nein' möglich.

Übrigens: Die zweite Alternative (B) wird vom Fragenden bevorzugt. Sie bleibt länger im Gehirn des Befragten und wird daher häufiger gewählt.

„Mögen Sie einen Kaffee oder lieber eine Tasse Cappuccino?" Da der Cappuccino ein paar Cent mehr kostet, wird die Bedienung am Ende ihrer Schicht ein paar Euro mehr umgesetzt haben.

Taktische Frageart 3: Übereinstimmungs-Frage

Sie dient der laufenden Gesprächs-Kontrolle und kann bei gehemmten Gesprächspartnern eingesetzt werden.

Es wird Unklares geklärt oder gecheckt, ob der Fragende richtig verstanden hat.

„Habe ich nicht in Erinnerung, dass ...?"

Taktische Frageart 4: Gegenfrage

Die Gegenfrage hat eher einen schlechten Leumund. „Hast du mir was zu sagen?" – „Und du?"

Nein, das ist hier nicht gemeint.

Sondern: Die Gegenfrage beschafft Hintergrundinformation oder korrigiert eine Aussage.

Der Gesprächspartner ist etwas verunsichert und stellt eine Frage, auf die dann mit der Gegenfrage reagiert wird.

„Ist das System nicht zu kompliziert?" – Gegenfrage: „Kompliziert im Vergleich wozu?"

Taktische Frageart 5: Kontroll-Frage

Eine nette Frage, aber eine wichtige. Sie dient der Klärung, ob Ihr Gegenüber Sie verstanden hat.

„Darf ich das bisher Erreichte nochmal zusammenfassen?"

Taktische Frageart 6: Ja-Antwort-Frage

Diese Frage mit dem eigenartigen Namen ist eine spezielle Suggestiv-Frage.

Mehrere Fragen werden hintereinander so gestellt, damit der Beantwortende immer mit ‚Ja' antworten soll.

So wird spätestens nach der dritten Frage fast automatisch auch mit ‚Ja' geantwortet, da das Gehirn des Befragten davon ausgeht, dass bisher alles stimmte (und mit ‚Ja' beantwortet wurde) und deshalb auch das nächste stimmen muss (und somit wieder mit ‚Ja' beantwortet wird).

„Sie arbeiten schon 10 Jahre bei uns?" – „Ja."

„Gefällt Ihnen die Arbeit bei uns?" – „Ja."

„Sie wollen auch in Zukunft für uns arbeiten?" – „Ja."

„Dann sind Sie auch bereit, in der augenblicklichen Situation vorübergehend für etwas weniger Lohn zu arbeiten?" – „... Ja ..."

Taktische Frageart 7: Die rhetorische Frage (Scheinfrage)

Die rhetorische Frage bedarf keiner Antwort.

„Wie wollen wir nun die Herausforderung lösen? – Ich schlage vor, dass …"

Die Antwort wird vom Fragenden selbst gegeben. Im verbalen Austausch regt sie zum Nachdenken an. Der Zuhörer wird aufmerksam und fühlt sich einbezogen, ohne antworten zu müssen.

„Guten Tag, meine Damen und Herren. Heute rede ich über das Thema ‚Kieselsteine im Bonn-Kölner Rheinufer-Gebiet'. Weshalb habe ich mir das Thema Kieselsteine ausgesucht? Nun, Kieselsteine deshalb, weil …"

Und schon ist er mittendrin, unser Redner. Wie ist er vorgegangen?

- Teilnehmer wurden begrüßt.
- Titel wurde genannt.
- Rhetorische Frage wurde gestellt.
- Mit dem Thema wurde begonnen.

Auf die rhetorische Fragestellung mag sich der Zuhörer Folgendes überlegen:

- „Tja, weshalb redet der nun über Kieselsteine? Das hätte ich aber auch gerne mal gewusst."

Damit hat der Redner genau das erreicht, was er als Ziel hatte:

- Der Zuhörer ist neugierig, gespannt, wie es weitergeht und ist aufmerksam.

Der Redner erzielt demnach neben Neugierde und Spannung auch Aufmerksamkeit.

Ein Vorteil der rhetorischen Frage ist weiterhin, dass der Redner keine tatsächliche Antwort vom Zuhörer erwartet. Denn er gibt ja die Antwort selbst.

Mit der rhetorischen Frage wird eine Schein-Interaktion mit dem Gegenüber erreicht. Natürlich kann eine rhetorische Frage an allen möglichen Stellen in einem Gespräch eingebaut werden. Besonders zu Beginn ist diese Fragestellung wie geschaffen, um auf das Gesprächsthema hinzuleiten.

Taktische Frageart 8: Taraktische Frage (Verwirrende oder beunruhigende Frage)

In der Fragestellung ist bereits eine Behauptung aufgestellt.

„Hatte das Fahrzeug Abblendlicht oder Fernlicht eingeschaltet?"

Hierbei wird unterstellt, dass das Licht angeschaltet war.

Der Zeuge wird nun überlegen und sich für eine der beiden Varianten entscheiden.

Möglicherweise war gar kein Licht angeschaltet.

Da nun aber eine Zeugenaussage vorliegt, kann auf einer ganz anderen Basis weitergesprochen werden:

Diese Art der Frage hat der deutsche Psychologe Wilhelm Karl Arnold (1911 – 1983) in der Forensischen Psychologie eingeführt.

Das Ziel war, in Befragungen die Schutzhaltung des Befragten zu durchbrechen.

Das Wort taraktisch kommt vom Altgriechischen ‚tarassein‘, was übersetzt wird mit ‚erschüttern‘ beziehungsweise ‚beunruhigen‘.

Taktische Frageart 9: Die akademische Frage

Der Vollständigkeit halber wird hier die akademische Frage erwähnt.

Sie ist eine theoretische Frage, die für die Praxis ohne jegliche Bedeutung ist und auch nicht beantwortet werden muss.

„... was mag sich Cäsar gedacht haben, als Brutus ihn erstach?".

Fragetechniken – Trickreich erfragen

Die Gegenüberstellung der informativen und der taktischen Fragen ist erfolgt. Nun werden einige Techniken beleuchtet, wann welche Fragen am besten im Gespräch einzusetzen sind.

Denn: Nicht jede Frage wirkt an jeder Stelle passend.

Vier Fragetechniken sind sinnvoll einsetzbar:

1. Die offene Frage-Technik.

2. Die reflektierende Frage-Technik.

3. Die richtungweisende Frage-Technik.

4. Die evozierende (hervorrufende) Frage-Technik.

Fragetechnik 1: Die offene Fragetechnik

Die offene Frage-Technik erhält Informationen über den Problemzusammenhang, sie öffnet den Horizont, sie erfasst Zusammenhänge und sie löst Probleme.

Nicht zuletzt lädt sie den Befragten zu ausführlichem Reden ein.

„Was war denn der Hintergrund, dass der Kunde plötzlich ...“?

Fragetechnik 2: Die reflektierende Fragetechnik

Die reflektierende Frage-Technik spiegelt die Meinung, das Gefühl des Befragten wider.

Sie zeigt, dass aktiv zugehört wird.

Damit wird erkannt, dass sie Interesse, Wertschätzung und Verständnis zeigt.

Somit baut sie eine gute Beziehung zum Redner auf, sie schafft Beziehung, ohne den eigenen Standpunkt aufzugeben.

„Hatten Sie auch schon mal einen ‚schwierigen' Zuhörer bei einem Vortrag?“

Fragetechnik 3: Die richtungweisende Fragetechnik

Diese Frage-Technik zeigt eine geschlossene Frageform.

Sie fordert die Bestätigung von Übereinstimmung oder sie fordert eine Entscheidung oder sie zeigt Gemeinsamkeiten.

> „Sind Sie einverstanden, das Thema ‚Pro' zuerst zu be-
> sprechen?"

Fragetechnik 4: Die evozierende
(hervorrufende) Fragetechnik

Diese Technik stellt eine offene Frageart dar, denn sie
zielt auf bislang nicht angesprochene aber vermutete
Übereinstimmung.

Oder sie klärt Unausgesprochenes oder lädt zum gemein-
samen Lösen von Herausforderungen ein.

> „Haben Sie einen Vorschlag, wie wir in Zukunft mit Que-
> rulanten umgehen sollen?"

Zum Abschluss

Im Sinn des vernünftigen Dialogs (wenn, soweit möglich,
nicht oder nur wenig manipuliert werden soll) verhalten Sie
sich wie folgt:

- Stellen Sie verständliche Fragen.

- Stellen Sie möglichst präzise (genaue) Fragen.

- Halten Sie während der Fragestellung Blickkontakt zum
  Befragten.

- Geben Sie Ihrem Gegenüber Zeit, die Frage(n) auf sich
  wirken zu lassen.

- Verknüpfen Sie die gegebenen Antworten mit der
  nächsten Frage.

- Vermeiden Sie den Eindruck einer Inquisition (mittelal-
  terliche Untersuchung eines Ketzergerichts).

Ihr Gespräch wird bei richtigem Einsatz durch Sie dorthin
gelenkt, wohin der Gesprächsverlauf Ihrem Wunsch entsprechend führen soll.

Vor Gericht

Vom Kläger und vom Beklagten

Ob Sie es wollen oder nicht: Es kann geschehen, dass Sie mit Anwälten zu tun haben, weil Ihnen jemand etwas vorwirft oder Sie sogar anklagt. Wie verhalten Sie sich?

Ob schuldig oder nicht: Bleiben Sie in Ihren Aussagen sauber und verheddern Sie sich nicht.

Vermeiden Sie Schuldzuweisungen und bauen Sie keine Gerüchte auf

Eine Schuldzuweisung entsteht dann, wenn Sie jemandem vorwerfen „Das und das haben Sie gesagt."

Ihr Gegenüber wird das möglicherweise verneinen und schon steht Aussage gegen Aussage.

Besser ist es zu sagen: „Das und das habe ich verstanden."

Das kann immer stimmen, da jeder Mensch mit seinen individuellen Wahrnehmungen hört beziehungsweise versteht.

Somit kann es auch sein, dass andere dieselbe Aussage unterschiedlich gehört haben.

Wenn Sie sich ich-bezogen äußern, dann stimmt Ihre subjektive Wahrnehmung, die dann schwierig anzuzweifeln ist. Subjektiv stimmen Ihre Aussagen sowieso.

Gerücht

Wenn Sie von Gehörtem berichten, dann drücken Sie es genauso aus. Statt „Frau X hat Herrn Y geschlagen" heißt es dann „Frau X soll Herrn Y geschlagen haben".

So vermeiden Sie den Aufbau von Gerüchten. Vermeiden Sie, aus ‚Gehörtem' eine ‚Wahrheit' zu formen.

Dann sind Sie gegebenenfalls verantwortlich zu machen.

Zeuge oder Beschuldigter

Hören Sie immer erst genau zu, was Ihnen vorgeworfen wird beziehungsweise was genau von Ihnen gewusst werden soll.

Antworten Sie konkret auf das Gefragte und vermeiden Sie unnötige Ergänzungen, die zu weiteren Nachfragen führen könnten.

Anders ist es natürlich, wenn Sie etwas verschweigen wollen.

Wenn Sie Lügen vermeiden wollen, dann antworten Sie abweichend oder auf etwas ganz anderes.

Die Kraft des ‚Jas'

Profis stellen manchmal ein ‚Ja' zu Beginn Ihrer Antwort, allein um den Fragenden zu beruhigen.

Denn dieser denkt jetzt, dass Sie positiv auf seine Frage antworten werden und ist eventuell in seiner Aufmerksamkeit abgelenkt.

Nach dem ‚Ja' fahren Sie aber mit ganz anderen Dingen fort.

„Ja, das ist eine berechtigte Frage. Lassen Sie mich (aber/deshalb) betonen, dass …"

Sie haben bemerkt, dass das ‚Ja' keine Bejahung der Frage bedeutet, sondern lediglich die Frage als solche bestätigt.

Umgekehrt vermeiden viele Profis, ein ‚Ja' oder ein ‚Nein' zu Beginn Ihrer Antwort, um in ihrer Aussage nicht festgelegt werden zu können.

In klassischen Interviews mit Politik-Profis ist in einer Antwort selten ein ‚Ja' oder ‚Nein' zu hören.

Sie würden sich mit dieser Eindeutigkeit sofort für lange Zeit festlegen.

Höflich bleiben

Bleiben Sie immer höflich. Denken Sie an den Spruch „Wer schreit, hat Unrecht."

Zeigen Sie Emotionen, wie Weinen, dann, wo es wirklich angebracht ist.

Es ist auch korrekt, Emotionen zu verbalisieren, wenn es Ihnen einen Vorteil bringen kann: „Ich bin ganz nervös, weil ich an die Geschehnisse von damals denken muss."

Das gilt natürlich auch für Ihre Körpersprache.

Bleiben Sie möglichst ruhig und mit unbewegter Miene sitzen.

Wippen Sie weder mit den Füßen noch klopfen Sie ungeduldig mit den Fingern auf den Tisch.

Sollte Ihnen dieselbe Frage mehrmals gestellt werden, können Sie sie immer wieder beantworten.

Nicht zwangsläufig mit denselben Wörtern, aber mit demselben Inhalt.

Kläger oder gegnerischer Anwalt

Versuchen Sie, den Befragten aus seiner Komfortzone zu bewegen, damit er sein ‚wahres' Gesicht zeigt.

Oder damit er sich sogar zu Emotionen hinreißen lässt und am besten, indem er etwas sagt, was er ‚eigentlich' nicht sagen wollte. Damit haben Sie einen Wissensvorteil.

Wer in Rage ist, verrät manchmal ungewollt Hinweise, die gegen ihn verwendet werden können.

Also immer ‚cool' bleiben.

Falls Sie unterbrochen werden, stellen Sie klar, dass Sie gerade die Frage stellen und darum bitten, dass diese auch korrekt beantwortet wird.

Nachfragen

Fragen Sie bei unklaren Fragen deutlich nach, sodass Sie vom Allgemeinen zum Detail kommen. Sie hinterfragen damit eine bloße Aussage und erkennen Hintergründe zum Gesagten.

Sympathie wecken

Lächeln Sie Ihr Gegenüber an. Lächeln drückt Sympathie aus.

Das heißt für Sie aber noch lange nicht, dass Sie Sympathie empfinden.

Wenn Ihr Gesprächspartner Sie als ‚nett' wahrnimmt, lässt er sich leichter zu Aussagen hinreißen.

Sieht er Sie als bösen Gegner, wird er versuchen, Ihnen so wenig wie möglich zu verraten.

Verwirrende Fragen stellen

„Als Sie die Gaststätte verließen, waren Sie stark angeheitert oder nur leicht beschwipst?"

Die Frage ist keineswegs so harmlos, wie sie sich anhört.

Denn, egal was Ihr Befragter antwortet, bestätigt er damit automatisch, dass er Alkohol getrunken hat (und in der Gaststätte war).

Diese Information kann Ihnen später von Nutzen sein.

Achten Sie darauf, dass der Befragte nicht unnütz lange ausholend berichtet.

Unterbrechen Sie ihn gegebenenfalls und wiederholen Sie Ihre Ausgangsfrage nochmal.

Körpersprache einsetzen

Wechseln Sie den Rhythmus. Fragen Sie mal schnell, mal langsam, setzen Sie bewusst Sprechpausen ein.

Werden Sie auch mit Ihrer Körpersprache aktiv. Setzen Sie Ihre Gestik unterstreichend ein.

Zweifeln Sie, wenn gewollt, Gehörtes an, indem Sie die Augenlider etwas zusammenziehen oder leicht den Kopf zweifelnd hin und her wiegen.

Beobachten Sie aber Ihren Gesprächspartner intensiv, denn seine Körpersprache kann Ihnen Hinweise geben.

Spielen Sie mit Ihrer Stimme. Mal einschmeichelnd, mal drohend, die Stimmlage mal hoch oder mal tief.

Das bringt Abwechslung und erschwert Ihrem Gesprächspartner Sie richtig einzuschätzen.

Bleiben Sie trotzdem immer höflich. Auch dann, wenn Sie das Gefühl haben, angelogen zu werden.

Verbal können Sie das aussprechen, aber nonverbal zeigen Sie durch ein höfliches Verhalten Achtung vor der Situation.

Tropen, Redeschmuck und Wortfügungen

In der Antike wurde unter anderem unterschieden zwischen Tropen (Wendungen), Redeschmuck und zwischen rhetorischen Wortfiguren in dreierlei Kategorien (Hinzufügen von Wörtern, Auslassen von Wörtern oder Umstellung von Wörtern) und so fort.

In einer Trope wird ein Wort ausgetauscht beziehungsweise in einem anderen Sinn genutzt.

In einer Figur bleibt das Wort in seinem Sinn bestehen, aber mehrere Wörter ergeben in ihrer Verknüpfung eine Figur.

Da aber auch schon damals die Unterscheidung recht schwierig zu ziehen war, bezeichnen wir der Einfachheit halber alle Möglichkeiten als Redefiguren.

Die unten aufgelisteten Wortfügungen waren in der antiken Rhetorik wichtig. Heute _können_ Sie benutzt beziehungsweise vermieden werden. Geübte Redner setzen Sie gerne ein.

Anordnung (ordo)

Die ‚Kraft' der Rede soll im Verlauf der Präsentation zunehmen.	• „Die besprochenen Punkte sollen Sie zum Nachdenken anregen, ja zum Umsetzen auffordern." • „Ich sehe die Katastrophe vor mir, ja ich höre die Leidenden schon schreien."

Verbindung (iunctura)

Vermeidung von Kakofonie, also Missklängen in der Sprache.

Das Gegenwort zu Kakofonie (auch Kakophonie) lautet Euphonie (nicht Euphorie!).

Rhythmus (numerus)

Ähnlich klingende Silben sollen nicht im selben Satz benutzt werden.	• „Fischer fischt frische Fische."

Die Stilqualitäten (virtutes orationis) der Antike

Unter Stilisieren wird die sprachliche Gestaltung (elocutio) einer Rede verstanden.

Es wird unterschieden zwischen Stilqualität und Stilart, die schon Marcus Tullius Cicero (106 v. Chr. – 43 v. Chr.) vor mehr als 2.000 Jahren gruppiert hat.

Er stellte in seinem Buch ,De oratore' (,Über den Redner') dar, wie er den idealen Redner betrachtete.

In der Antike wurden folgende fünf Stilqualitäten unterschieden:

1. Stilqualität Kategorie: Sprachliche Korrektheit – Sprachrichtigkeit

= Hellenität (gr.), gebildet und Latinität (röm.), politisch erhaben.	• Das bedeutet die korrekte Verwendung der Sprache.

2. Stilqualität Kategorie: Klarheit – Deutlichkeit

= Klarheit der Diktion (perspicuitas); Anschaulichkeit (evidentia).	• Aufbauen (in Bildern reden). • Eine stark subjektive Darstellungsweise – Steigerung (amplificatio). • Sich sprachlich in eine Sache einsteigern, zum Beispiel als Politiker.

3. Stilqualität Kategorie: Angemessenheit

= Angemessenheit (aptum/decorum).	• Der Situation entsprechend reden (Beerdigung anders als Jubiläum).

4. Stilqualität Kategorie: Schönheit – Redeschmuck

= Stilistischer Redech-muck (ornatus).	▪ Originalität, Spannung aufbauen (statt: Kleopatra verführte Caesar – Die Schönheit Kleopatras verführte Caesar)

5. Stilqualität Kategorie: Kürze – Knappheit

= Kürze (brevitas).	▪ Wenige Worte verlieren, um das auszudrücken, worum es geht.

Die drei antiken Stilarten (genera dicendi)

Die antike Rhetorik kannte drei Stilarten, die bei bestimmten Reden beziehungsweise Anlässen benutzt werden (mussten). Die ursprünglich dritte Stilart unterteilen wir noch ein weiteres Mal, sodass sich noch eine vierte ergibt.

1. Stilart: Schlichter Stil (genus subtile, genus tenue oder genus humile)

Zur Darstellung.	• Wenn etwas einfach dargestellt werden sollte. • Kann jederzeit benutzt werden, Umgangston.

2. Stilart: Mittlerer Stil (genus medium, genus mediocre oder genus floridum [blühend])

Zur Überzeugung.	• Wenn etwas bewegt werden soll. • Benutzt viele Redefiguren. • Wird heute im täglichen Leben am ehesten vorkommen. • Dient zur angenehmen Unterhaltung.

3. Stilart: Erhabener Stil (genus grande)

Zur Würdigung.	• Wenn würdevolle Anlässe ausgesuchte Wörter verlangen. • Beste Wortwahl.

4. Stilart: Heftiger Stil (genus sublime oder genus tumidum [aufgeblasen])

Zur Leidenschaft. (Im antiken Sinn gehört diese Stilart zur dritten aufgelisteten).	• Wenn düstere Leidenschaft dargestellt werden soll. • Darstellung in schwülstiger Art. • Beste Wortwahl.

2-Stil-Lehre

Im späten Mittelalter wurde aus den drei genera die 2-Stil-Lehre entwickelt.

Es gab dann den

- Einfachen Stil (ornatus facilis) und den
- Schweren Stil (ornatus difficilis).

Heute

Unabhängig davon, ob und welche Stilart Sie anwenden, werden Sie merken, dass Sie fast automatisch zu bestimmten Anlässen unterschiedlich reden werden.

Anlässlich einer Hochzeit anders als bei einer Trauer. Mit einem Arzt anders als mit dem Nachbarn.

Bleiben Sie angemessen in Ihrer Wortwahl. Stärken Sie durch Ihr rhetorisches Auftreten Ihre Authentizität.

Von der Antike bis in die Gegenwart

Liebe Leserin, lieber Leser, wir hoffen, Sie müssen die hier gelesenen Tipps nicht vor Gericht einsetzen.

Falls doch, sollen sie Ihnen helfen, die gewünschten Ergebnisse zu erzielen.

Wir haben uns mit verschiedenen Fragearten auseinandergesetzt und dargestellt, welche Frageart zur Erreichung eines bestimmten Ziels eingesetzt werden kann.

Wenn eine Befragung ein ehrliches Ergebnis erreichen soll, sollen die typischen Befragungsfehler vermieden werden. Hierzu gab es eine Übersicht die helfen soll, genau diese Fehler zu vermeiden.

Der Abschluss dieses Buchteils führte in die Antike, über 2.000 Jahre zurück, als sich bereits ernsthaft Gedanken zum Auftreten des Redners gemacht wurden.

Das Stilisieren war geboren und wird heute noch angewendet.

Mit der gewünschten Gestaltung der Sprache (und der Fragen) können Sie regelrecht spielen. Sie kommen dann sozusagen spielerisch zum Erfolg.

Teil 2 – Die ehrliche und die manipulierende Umfrage

Spannungsbogen aufbauen

Ehrlich gefragt – Ehrlich gesagt

Liebe Leserin, lieber Leser, herzlich willkommen im zweiten Teil des Handbuchs. Haben Sie eine Minute Zeit … bevor Sie in die Thematik tiefer einsteigen?

Wir betrachten den Aufbau eines Fragebogens, berücksichtigen dabei die Mikro- und Makroplanung sowie die Dramaturgie.

Mit einem übersichtlich aufgebauten Fragebogen lassen sich Antworten gut sammeln und später leicht auswerten.

Liegt eine Manipulation im Fragekatalog vor, kann von einem Fragetrichter gesprochen werden.

Die gestellten Fragen leiten gezielt auf die wichtige Abschlussfrage hin. Diese soll dann im Wunsch des Fragenden erfolgen.

Interessant wird das manipulierte Gespräch sein, welches zwischen Herrn Mertens und dem ‚Boss' geführt wird. Mithilfe dieses Ablaufs lässt sich sehr gut die Struktur im Fragekatalog zeigen, sowie die Manipulation, die auf die Zustimmung des Mitarbeiters sieht.

Am Ende des Kapitels schauen wir uns eine Auflistung sogenannter Urteilsverzerrungen an.

Die Dramaturgie des Fragebogens

Mehrere vorgegebene Fragen hintereinander gereiht ergeben einen Fragebogen.

Die Einzelfrage ist in einem Fragebogen relativ bedeutungslos, hat aber einen deutlichen Einfluss auf die Folgefrage und die Gesprächsatmosphäre.

Die Kombination mehrerer Fragen sichert das diagnostische (das, was es zu erkennen gilt) Ziel ab.

Dabei gilt die erste Frage als Eisbrecher-Frage, die letzte als Zielfrage.

Daraus folgt, dass die vernünftige Reihenfolge und die Verschiedenartigkeit der Fragen zu einem sinnvollen und damit wertvollen Fragebogen führen.

So lässt sich die Dramaturgie (Gestaltung) des Fragebogens darstellen.

Dramaturgie

Globalfragen vor Detailfragen stellen.

Kreuzungsfragen mit gesonderten Antwortwegen sind möglich.

Kontrollfrage (in anderer Formulierung oder zur Überprüfung der Glaubwürdigkeit) können eingebaut werden.

Der Erfolg versprechende Aufbau des Fragebogens

Für den Erfolg der Befragung ist die Fragefolge wichtig. Dabei wird berücksichtigt:

Spannungskurve

Die Spannungskurve entsteht durch die richtige Zusammenstellung der Fragen und sichert die Bereitschaft des Befragten zum emotionalen Engagement und Interesse an der Befragung.

Pufferfrage

Zwischen einzelnen Frageblöcken kann eine Pufferfrage eingebaut werden, um	• dem Befragten deutlich zu machen, dass in einen neuen Themenblock gewechselt wird, • den möglicherweise krassen Sprung in den nächsten Block zu mildern.

Mikroplanung

Die richtige Reihenfolge der Fragen wird Mikroplanung genannt (Reihenfolge unmittelbar benachbarter Fragen).

Das heißt, die erste Frage wird vor der zweiten, die zweite vor der dritten und so weiter gestellt.

So ist es zum Beispiel sinnlos, am Ende der Präsentation zu fragen, ob jeder den Sprechenden gut hören und sehen kann.

Halo-Effekt

Die Mikroplanung beachtet den sogenannten Halo-Effekt, auch Verzerrungs-Effekt genannt (US-Psychologen Gordon Williard Allport, 1897 – 1967 und Edward Thorndike, 1874 – 1949), wonach jede Frage einen inhaltlichen und emotionalen Bezugsrahmen für die nächste Frage setzt. (Halo, engl. Glorienschein, Lichthof.)

Antworten hängen daher stark von der Wirkung vorausgegangener Fragen ab. Nur deshalb wird die Zielfrage entsprechend der Vorstellung des Fragenden beantwortet.

Die einzelnen Fragen müssen also wohl überlegt nacheinander gestellt werden.

Stimmt die Reihenfolge der Fragen nicht, greift der Halo-Effekt nicht.

Das gewünschte Ergebnis des Fragenden ist somit in Frage gestellt.

Makroplanung

Eine Gruppe aufeinander abgestimmter Fragen ergibt einen Block. Die Aneinanderreihung mehrerer Blöcke wird Makroplanung (optimale Zusammenfügung einzelner Fragegruppen) genannt.

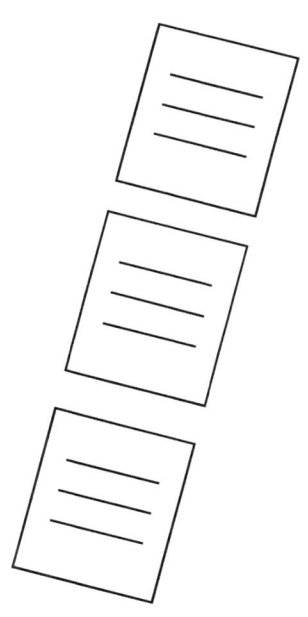

Einstiegsfrage und Zielfrage

Im ersten Block befindet sich unter anderen die Einstiegsfrage, auch Eisbrecher-Frage, im letzten die Zielfrage.

Ein Fragekatalog besteht sinnvollerweise meist aus mindestens drei Blöcken (einleitende Fragen, Hauptbereich, abschließende Fragen).

Je nach Länge des Fragebogens können mehr als drei Blöcke benutzt werden. Weniger als drei Blöcke ergeben allerdings keinen vernünftigen Aufbau eines Fragebogens.

So wie bei den Einzelfragen ist die Reihenfolge der Blöcke ausschlaggebend für den Erfolg der Frageaktion.

Spannungsbogen

Durch die richtige Aneinanderreihung der Blöcke entsteht die Spannungskurve.

Zwischen den einzelnen Blöcken können Pufferfragen eingeschoben sein.

Aufbau

Dadurch ergibt sich folgender Aufbau des Fragekatalogs.

Block A	• 1. Frage (Einstiegsfrage)
	• 2. Frage
	• 3. Frage
Zwischen 2 Blöcken	• Pufferfrage möglich
Block B	• 4. Frage
	• 5. Frage
	• 6. Frage
Zwischen 2 Blöcken	• Pufferfrage möglich
Block C	• 7. Frage
	• 8. Frage
	• 9. Frage (Zielfrage)

Die Einstiegsfrage und die Zielfrage sollten eine geschlossene Frage sein, damit der Befragte im Idealfall mit ‚Ja' antworten kann.

Die Umfrage – Vorbereitung

Um eine Umfrage auf der Straße sinnvoll durchzuführen, empfiehlt sich, sich auf folgende Bereiche vorzubereiten:

Fragebogen

Für jeden Befragten einen Interviewbogen vorzubereiten.	- Lässt sich später besser auswerten. - Leichtere Handhabung (kein Umblättern). - Bereits vorhandene Angaben eines Vorgängers würden den Befragten beeinflussen.

Fragen

8 bis maximal 15 Fragen pro Befragung.	- Weniger als acht Fragen: eine Spannungskurve ist schwierig zu erreichen. - Mehr als 15 Fragen: der Befragte verliert leicht das Interesse.

Statistik

Feld für statistische Angaben frei lassen. Für

Alter (wird gefragt oder geschätzt).	- bis 19 - 20 bis 29 - 30 bis 39 - 40 bis 49 - 50 bis 59 - 60 und älter
Geschlecht	- männlich, ♂ - weiblich, ♀
Soziale Schicht (aber bitte ohne diese Wörter zu schreiben, damit der Befragte sich nicht ärgert), zum Beispiel so.	- *** (hoch) - ** (mittel) - * (niedrig)

Alle statistischen Angaben gehören ins untere Fünftel des Interviewblattes. Dort stören Sie bei der Befragung nicht weiter und lassen sich gegebenenfalls ergänzen, auch wenn der Befragte nicht mehr anwesend ist.

Sonstiges

Es versteht sich, dass diese statistischen Angaben bei Alter und sozialer Schicht subjektiv geprägt sind.

Aber oft geben sie bei der späteren Auswertung der Fragebögen interessante Hinweise.

Und noch ein Feld – Sonstiges. Hierher gehören Dinge, die vorher nicht abzusehen waren (zum Beispiel: ein Polizist in Uniform, der auf bestimmte Fragen nicht antworten durfte).

Falls das Interview an mehreren Tagen oder Orten durchgeführt wird, sollen zur späteren vernünftigen Auswertung noch die Angaben	• Ort • Datum • Zeit • Befragender ergänzt werden.

Handhabung

Berücksichtigen Sie bei der Erstellung des Layouts Ihres Fragebogens, dass ...	• der Befragte auch mal auf den Bogen schaut • genügend Platz für die Antworten vorgesehen ist • dass durch eine Klammer am stützenden Klemmbrett kein Text abgedeckt wird.

Um spätere Vergleiche erhalten zu können, müssen die Fragen auf jedem Bogen und bei jedem Befragten absolut gleich sein – und wortgleich gestellt werden.

Manipulation im Fragetrichter

Stellen Sie sich vor: Sie sind Chef beziehungsweise Chefin eines Unternehmens und hätten gerne, dass Ihre Mitarbeiter zwanzig Prozent mehr Arbeitsleistung erbringen und gleichzeitig auf zwanzig Prozent Lohn verzichten.

Unmöglich meinen Sie?

Dann belauschen wir das Gespräch zwischen Herrn Boss, Chef, und Herrn Mertens, Mitarbeiter, in der obersten Etage im Büro des Chefs.

Das 20 % Gespräch mit Herrn Mertens – Der Fragetrichter

	Boss	Mitarbeiter, Herr Mertens
1	„Ach, hallo, guten Tag Herr Mertens. Nehmen Sie bitte Platz."	„Vielen Dank."
2	„Ich finde es schön, dass Sie sich die Zeit nehmen, zu mir zu kommen. Sie haben doch sicherlich viel in der Produktion zu tun, oder?"	„Ja, habe schon eine Menge zu tun."
3	„Herr Mertens, wie lange arbeiten Sie denn schon bei uns?"	„Fast 20 Jahre."
4	„20 Jahre? Das ist aber eine lange Zeit."	„Na ja."
5	„Dann gefällt es Ihnen sicherlich bei uns?"	„Ja, doch."
6	„Sicherlich wollen Sie die nächsten 20 Jahre auch noch bei uns arbeiten, oder?"	„Na klar."

Der 1. Block ist abgeschlossen. Haben Sie erkannt, dass schon bei der Reihenfolge der Frage 4 und 5 eine Antwort fast zwingend erforderlich wird?

Würde Frage 5 vor Frage 4 gestellt, wäre eine andere Antwort denkbar. Zum Beispiel: „Ziemlich gut, aber …".

Sie sehen, wie der Fragetrichter bereits funktioniert.

Fahren wir mit Frage 7 im 2. Block fort.

7	„Sehr schön. Herr Mertens, Sie haben wahrscheinlich schon von den Problemen des Mitbewerbers X gehört?"	„Jaa, also nicht so genau."
8	„Nun, unbestätigten Gerüchten zufolge geht es dem nicht mehr so gut."	„Ui."
9	„Ja, Sie wissen ja, die Japaner …"	„Ja, ja."
10	„Und die Finanzkrise …"	„Ja, klar."
11	„Herr Mertens, finden Sie es gut, wenn Mitarbeiter der Firma X nach 20 Jahren entlassen werden müssen?"	„Nein – natürlich nicht."
12	„Finde ich schlimm. Sie auch?"	„Ja, natürlich ist das schlimm."
13	„So soll es in unserem Unternehmen doch nicht geschehen, o-der?"	„Nein, um Himmels Willen."
14	„Also sind Sie mit mir der Meinung, dass wir unbedingt vermeiden müssen, dass unsere Mitarbeiter auf der Straße landen?"	„Ja, da bin ich absolut Ihrer Meinung."
15	„Herr Mertens, ich weiß ja, dass Sie und Ihre Kollegen schon sehr viel arbeiten. Aber meinen Sie, dass es – eine gewisse Zeit lang – denkbar wäre, dass Sie ein klitzeklein wenig noch mehr Arbeitsleistung aufbringen könnten?"	„Nun … ja, bestimmt."

16	„Das finde ich sehr loyal von Ihnen, Herr Mertens. Danke."	„Ist schon gut."
17	„Lassen Sie uns Nägel mit Köpfen machen. Sagen wir, dass wir – vorübergehend – sagen wir mal – zwanzig Prozent mehr Arbeitsleistung aufbringen können?"	„Ist schon eine Menge. Aber wenn es dem Unternehmen hilft."
18	„Ich habe nichts anderes von Ihnen erwartet. Also halten wir fest: Zwanzig Prozent mehr Arbeitsleistung, sagen wir einfach, ab dem nächsten Ersten. Einverstanden?"	„Ja, ist gut."

Jetzt könnte das Gespräch beendet sein. Der Boss hat bereits erreicht, was er vorhatte. Nun hängt der Boss einen weiteren Block an.

19	„Und wenn wir schon dabei sind. Es nutzt unserem Unternehmen ja wohl nichts, wenn wir weiterhin super Ware produzieren, die aber niemand mehr kaufen kann, weil wir zu teuer sind, oder?"	„Das stimmt wohl."
20	„Unter der Berücksichtigung, dass die Produkte unseres Mitbewerbers – falls er in Konkurs gehen sollte – den Markt überschwemmen, sollten wir absolut unangreifbar im Preis unserer Waren sein. Meinen Sie nicht auch?"	„Das ist auch meine Meinung."
21	„Schön, ich wusste, dass Sie mich verstehen. Dann verstehen Sie auch, dass wir zur Stärkung unseres Produkts – für eine kurze Zeit vielleicht – eine kleine	„Na ja …"

	Einschränkung unseres Lohns hinnehmen könnten?"	
22	„Muss ja nicht für immer sein, Herr Mertens. Aber wenn jeder von uns nur auf ein klein wenig seines Lohns verzichten könnte, wären wir alle sehr wahrscheinlich aus dem Schneider. Oder?"	„Unter den gegebenen Umständen ist das wohl richtig."
23	„Ich freue mich, dass Sie uns helfen, unser Unternehmen überleben zu lassen."	„Schon gut – ist doch klar."
24	„Dann lassen Sie uns auch hier Nägel mit Köpfen machen, ja?"	„O.k."
25	„Gut – Also, sind Sie einverstanden, sagen wir mal, auf ein Fünftel Ihres Lohns vorübergehend zu verzichten?"	„Vorübergehend – ja."
26	„Toll, Herr Mertens. Halten wir fest, Verzicht auf ein Fünftel, ab dem – ach – einfach auch ab dem nächsten Ersten. Dann ist alles in einer Kiste. Einverstanden?"	„Ja, Herr Boss."

Nach nur acht weiteren Fragen wurde das zweite Ziel vom Boss erfüllt. Das ging schnell, oder?

Die Frage 27 stellt einen Miniblock zum Abschluss dar.

27	„Herr Mertens, ich danke Ihnen für Ihr Verständnis und für Ihre Kooperation. Ich wusste, dass ich auf Sie zählen kann. Sie müssen sicherlich wieder an Ihre Arbeit zurück?"	„Ja, das sollte ich jetzt. Danke für das Gespräch Herr Boss."

Fazit

Mit dem gezeigten Beispiel soll klar geworden sein, wie schnell mit einem Fragetrichter sowie manipulierend eingesetzten Fragen das gewünschte Ergebnis erreicht werden kann. Gewünscht natürlich nur aus Sicht des Bosses.

Selbstverständlich könnten Sie einwenden, dass Ihnen das Beispiel extrem erscheint.

Vielleicht mögen Sie auch sagen, dass Herr Mertens zu leichtgläubig war und zu schnell zugesagt hat.

Ist das Beispiel realistisch? Ja, denn es beruht von der Struktur her auf einem tatsächlichen Geschehen.

Andererseits ist es ganz leicht überspitzt gezeigt, um Ihnen die Vorgehensweise deutlich zu machen.

Die Umsetzung eines Fragetrichters sollte klar geworden sein.

Drückerkolonnen oder Verkaufspersonal in ‚Call-Centern' sind in der Regel sehr gut geschult, solche Fragebögen erfolgreich einzusetzen.

Was bedeutet Manipulation?

Manipulation kommt aus dem Lateinischen ‚manus' gleich ‚Hand' und ‚plere' für ‚etwas in der Hand haben' beziehungsweise ‚füllen'.

Im Duden steht zur näheren Erläuterung Handgriff beziehungsweise Kunstgriff, aber auch Verfahren oder Machenschaften.

Unter ‚manipulieren' steht sogar ‚Der gesteuerte Mensch'.

Weitere Synonyme sind: Verfügung, Lenkung, Verhetzung, List, unerwünschte Veränderung. Ja, das klingt tatsächlich alles eher negativ.

Der Manipulierende nimmt bewusst jemanden an die Hand und bringt ihn von A nach B.

Oder anders ausgedrückt, er bringt den Manipulierten dazu das zu tun, was er selbst für richtig hält.

Seit 1945 hat das Wort Manipulation übrigens einen negativen Beigeschmack. Deshalb wird manchmal statt Manipulation lieber von Überzeugung gesprochen.

Die Verhaltensbeeinflussung kann für den Manipulierten bewusst oder unbewusst erfolgen.

Beispiele:

- Werbung
- Ideologien
- Lügen
- Bedürfnisweckung/-lenkung

Möglichkeiten der Manipulation

Die Manipulation kann ...

... die Fähigkeit des Befragten einschränken, selbständig Entscheidungen zu treffen.	▪ Zum Beispiel durch Suggestiv-Fragen.
... die personale Autonomie, die Selbstständigkeit, die neutrale Unabhängigkeit des Beeinflussten gefährden.	▪ Zum Beispiel in Verkaufsgesprächen.

... emotionelle Entscheidungen vor rational begründeten be-
günstigen.

... fragwürdige Leitwerte aufbauen.	• Zum Beispiel in Sekten.

Manipulation muss nicht unbedingt negativ ausgelegt werden. Positiv manipulieren wird dann aber eher motivieren
genannt.

Der Manipulierte/Motivierte soll nicht den Eindruck gewinnen
übers Ohr gehauen worden zu sein!

Urteilsverwirrungen und andere

Beteiligen Sie sich an Urteilsverwirrungen? Hier eine Übersicht einiger Möglichkeiten.

Bestimmt sind Ihnen aus Ihrer Praxis noch andere Beispiele bekannt.

Falsche Verallgemeinerungen

Sie entstehen durch falsche Begründungen und durch falsche Schlussfolgerungen.	• „Was du nicht verloren hast, gehört dir. – Dieses Auto hast du nicht verloren, also gehört es dir."

Falsche Schlussfolgerungen

Sie entstehen durch (falsche) Verknüpfung von Ursache und Wirkung.	• „Der Briefträger bringt die Post, bevor der Ehemann nach Hause kommt. – Also ist der Briefträger die Ursache für das späte Nachhausekommen des Ehemannes." • „Wir haben den Erfolg vor uns gesehen. – Also sind wir die Erfolgreichen."

Urteilsverwirrungen

Sie entstehen durch Verdrehen von Wortbedeutungen.	• „Junges Gemüse" statt „junge Menschen".

Abwertende Beimengungen

Sie entstehen durch Hinzufügen eines zweiten Wortteils, der in Verbindung mit dem anderen Wortteil diesen abwertet.	• „Wegwerf-Gesellschaft."

Missbrauch von Wörtern

Er entsteht durch Verharmlosung einer Situation durch Zuordnung irreführender Wörter.	• Kollateralschaden.

Mehrdeutigkeiten

Sie entstehen dadurch, dass ein Wort, das verschiedene Bedeutungen hat, im selben Zusammenhang (bewusst) mehrfach eingesetzt wird.	• „Ein Kuli hat eine Mine – Ein Gepäckträger ist ein Kuli – Also hat ein Gepäckträger eine Mine.“

Tricks erkennen und durchschauen

Liebe Leserin, lieber Leser, haben Sie erkannt, wie leicht es möglich ist, durch den geschickten Aufbau mit entsprechender Fragetechnik den Befragten in seinen Antworten in die gewünschte Richtung zu lenken?

Hat Sie der Gesprächsablauf zwischen Herrn Mertens und dem Boss imponiert?

Dann wissen Sie, wie relativ leicht Sie einen Gesprächspartner durch geschickte Fragestellung und einen raffiniert aufgebauten Fragetrichter in die von Ihnen bevorzugte Richtung lenken können.

Sie mögen einwerfen, dass das ein unfaires, manipuliertes Vorgehen ist. Dem lässt sich ohne Einschränkung zustimmen.

Die Erklärungen sollen allerdings helfen, genau diese Tricks zu erkennen und zu durchschauen.

Gelingt Ihnen das, können Sie gegen die Vorgehensweise angehen oder durch unerwartete Antworten die Dramaturgie und den Spannungsaufbau stören.

Teil 3 – Das Interview und Umgang mit der Presse

Die Journalisten wollen es wissen

Information bildet

Liebe Leserin, lieber Leser, wie der Fragebogen aufgebaut wird, ist klar. Nun soll er in der Praxis eingesetzt werden.

Wir machen uns Gedanken zur Vorbereitung und zum Verhalten während der Befragung.

Oft gestaltet sich die Einstiegsfrage als entscheidend, da sie den weiteren Verlauf des Interviews prägt.

Wir werden einerseits sehen, wie sich der Interviewer verhält, andererseits auch den umgekehrten Fall anschauen, wie Sie sich verhalten können, wenn Sie interviewt werden.

Es sollte nicht angenommen werden, dass alle Fragen immer wahrheitsgemäß beantwortet werden.

So widmen wir uns dem Thema ‚Lügen'. Wir durchdenken, weshalb ein Mensch lügt.

Im letzten Teil des Kapitels wenden wir uns den berechtigten Interessen von Journalisten sowie dem Verhalten bei Presseterminen zu.

Neugierde ist eine Zier ...

... weiter kommt man ohne ihr. Oder doch nicht? Ohne Neugierde gäbe es wohl keine Fragen. Also scheint die Neugierde der Grund einer Befragung oder eines Interviews zu sein.

Die Form des Interviews wie wir sie heute kennen, ist erst rund hundert Jahre alt. Davor, bis in den Ersten Weltkrieg hinein, wurden deutsche Zeitungsleute eher als Chronisten bezeichnet.

Zensur und Propaganda

Kritische Fragen durch Zeitungsleute waren verpönt und die Zensur tat ihr Übriges.

Zur Zeit des Nationalsozialismus wurden Interviews mit NS-Größen als Propagandainstrument missbraucht.

Erst nach dem zweiten Weltkrieg wurde das moderne Interview auch in Deutschland üblich.

Gesteuerter Dialog

Das Interview kann als ‚gesteuerter Dialog zwischen zwei gleichberechtigten Gesprächspartnern' bezeichnet werden.

Die Vorbereitung

Natürlich verlangt ein sehr gutes Interview eine sehr gute Vorbereitung. Und zwar eine Vorbereitung auf den Interviewten und auf das Thema.

Der Interviewer muss sich demnach Gedanken zum Gespräch machen und das Ziel des Interviews formulieren. Er fragt sich, in welche Richtung sich das Interview entwickeln soll.

Also: Eine gute Vorbereitung ist nötig, aber je mehr sich der Interviewer auf einzelne (vorbereitete) Fragen festlegt, desto weniger spontan wirkt er, desto weniger Abwechslung oder Kreativität, geschweige denn Spontaneität gestaltet das Interview lebhaft.

Es muss ein guter Mittelweg gefunden werden.

Die Gesprächsführung

Manche Interviews hören sich wie regelrechte Verhöre an, andere eher wie harmlose Plaudereien auf der heimischen Couch.

Abwechslungsreich

Durch entsprechende Vorbereitung und Formulierung der Ziele wird auch für den Zuhörer eine nachvollziehbare Struktur erkennbar.

Durch den abwechslungsreichen Gebrauch verschiedener Fragearten wirkt das Interview lebhaft.

Auch gilt, dass auf lange Fragen lange Antworten und auf kurze Fragen kurze Antworten folgen.

Es ist möglich, den Themenbereich erst einzugrenzen, indem der Interviewer vor die eigentliche Frage eine kurze Zusammenfassung der Sachlage stellt.

Mit Namen ansprechen

Wird eine persönliche Einschätzung des Interviewten erwartet, wird er direkt – am besten mit Namen – angesprochen.

Der Interviewer sollte mit eigener Meinungsäußerung eher sensibel bis vorsichtig umgehen, da automatisch die Antwort des Interviewten ‚eingefärbt‘ wird.

Neutralität wahren

Deshalb bezieht sich der geschickte Interviewer eher auf Dritte und gibt deren Meinung wieder. So ist der Interviewer selbst mit seiner Meinung nicht festgelegt und damit nicht angreifbar.

„Die Bevölkerung ist doch eher der Meinung, dass ...“

Unklarheiten klären

Bei unklaren oder ausweichenden Antworten soll der Interviewer nachfragen.

Auch wenn er eine Antwort nicht verstanden hat, soll nachgefragt werden, denn es kann davon ausgegangen werden, dass auch die Zuhörer die Antwort nicht richtig verstanden haben.

Vertraulichkeit

Bittet der Interviewte, bestimmte Aussagen nicht zu veröffentlichen, wird der korrekt arbeitende Interviewer dieser Bitte natürlich entsprechen.

Dieser Punkt erübrigt sich bei Live-Übertragungen.

Es ist eine Frage der Fairness und des Vertrauens, sich menschlich korrekt dem Interviewpartner gegenüber zu verhalten.

Übrigens: Auch Interviewer und Journalisten sind ‚nur' Menschen. Wenn diese mal in eine Falle tappen, dann sollen sie direkt den Fehler eingestehen und dann das Gespräch fortführen.

Die Veröffentlichung des Interviews

Nach Durchführung des Interviews wird der Interviewer das aufgezeichnete Gespräch bearbeiten.

Das Gespräch darf in der Wiedergabe gekürzt, die Chronologie geändert und es kann anders gegliedert werden.

Auch dürfen Aussagen hervorgehoben werden, solange der Interviewte damit einverstanden ist.

Freigabe des Interviews

Das überarbeitete Gespräch wird dem Interviewpartner vorgelegt, damit dieser die Möglichkeit hat, der Ausarbeitung zuzustimmen oder den einen oder anderen Punkt anders darstellen zu lassen.

Der Befragte wird dann um Freigabe des Textes beziehungsweise des Zitats gebeten.

Speziell Politiker und andere Prominente nutzen diese Möglichkeit gerne und machen von ihrem Recht Gebrauch, um dann doch ihre Antworten erneut anzupassen.

Und wenn Sie interviewt werden ...

Schauen Sie bei einem Live-Interview im TV-Studio nicht direkt in die Kamera, sondern zu Ihrem Interviewpartner.

Das gilt auch dann, wenn Sie den Eindruck haben, als höre Ihr Interviewpartner Ihnen nicht zu oder als schaue er an Ihnen vorbei.

Der Grund dafür könnte zum Beispiel sein, dass er die verbleibende Sendezeit auf einer Uhr im Hintergrund checkt.

Live-Interview und Live-Schaltung

Neben dem Live-Interview gibt es die Live-Schaltung. Dabei sind Sie mit Ihrem Interviewpartner im Sendestudio lediglich über Monitor und Mikrofon verbunden.

Setzen oder stellen Sie sich so, dass der Monitor, auf dem Sie Ihren Interviewpartner sehen werden, in Augenhöhe aufgestellt ist.

Werden Sie zu einem Statement, also einer knappen Stellungnahme, aufgefordert, können Sie davon ausgehen, dass Ihnen nur eine sehr begrenzte Zeit, meist nicht mehr als 30 Sekunden zur Verfügung steht/stehen.

So müssen die wichtigen Aussagen Ihres Statements in diesen Sekunden getätigt sein.

Aufmerksam bleiben

Bleiben Sie stets aufmerksam und lassen Sie sich durch das ‚Drum-Herum' nicht ablenken.

Achten Sie darauf, Ihren ‚roten Faden' nicht zu verlieren.

Ihre Hauptthemen oder Argumente bringen Sie rechtzeitig im Gespräch unter.

Klären Sie vorab, ob Sie in eine (möglicherweise vorhandene) Kamera schauen oder zum Interviewer sehen sollen.

Behalten Sie den Blickkontakt bei.

Die praktische Umfrage auf der Straße

Es ist so weit! Alle Vorarbeiten sind abgeschlossen.

Nun suchen Sie einen geeigneten Standort.

Ungeeignet sind Befragungssorte:

- in praller Hitze
- im Regen
- auf Flächen oder in Gebäuden, in denen ‚Hausrecht' besteht, zum Beispiel in U-Bahn-Stationen, auf Restaurant-Terrassen und vergleichbaren Orten. In diesen Fällen muss eine Erlaubnis eingeholt werden, da sonst mit einem Platzverweis oder sogar mit einem Hausverbot gerechnet werden muss.

Überlegen Sie im Vorfeld, an welchem Platz und zu welcher Uhrzeit Sie am besten die Umfrage starten wollen.

Menschen, die gerade zum Arbeitsplatz eilen, sind weniger bereit, sich an einer Umfrage zu beteiligen.

Personen, denen gerade der Bus vor der Nase wegfuhr, haben höchstwahrscheinlich die Zeit für eine Umfrage.

Ob sie noch die Muse dafür aufbringen, ist an dieser Stelle nicht zu beantworten …

Der Einstieg in die Umfrage

Der Einstieg in die Umfrage ist bereits entscheidend für die gelungene Durchführung.

Viele Menschen mögen nicht antworten, weil sie ‚fürchten‘, letztlich etwas kaufen zu müssen.

Um nicht ständig die Antwort: „Ich habe keine Zeit!" zu erhalten, sind die im Folgenden aufgelisteten Einstiege erfolgversprechend:

Einstieg

Die erste Frage/Aussage stellen.	• „Entschuldigung."
	• „Eine Frage zu Europa, bitte."
	• „Eine Frage, bitte."
	• „Würden Sie mir zwei Minuten Ihrer Zeit opfern?"
	• „Darf ich Sie etwas fragen?"
	• „Essen Sie gerne Schokolade?"
	• „Mögen Sie Tiere?"

Interviewer akzeptieren natürlich, wenn Menschen keine Interviews beantworten wollen.

Unschöne Bemerkungen des Interviewers sind nicht angebracht und außerordentlich unhöflich. Ihr positives Verhalten macht es dem Befragten leichter zu antworten.

Verhalten

• lächeln (ehrliches Lächeln)

• Blickkontakt aufbauen

• körperliche Distanz wahren.

Ein Lächeln passt in jedes Gesicht.

Zeigen Sie wirkliches Interesse am Gesprächspartner und dessen Antworten.

Im Team

Sollten Sie als Team auftreten, gilt:

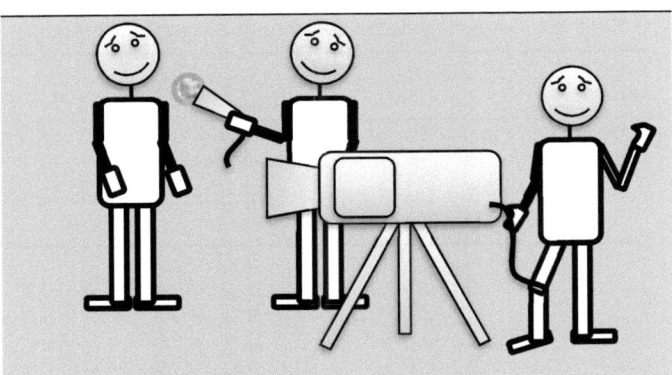

Nur einer fragt, damit sich der Befragte ganz auf diese Person einstellen kann.

Der andere verhält sich solange nonverbal und steht einen halben Schritt zur Seite.

Treffen Sie auf Paare oder Gruppen, müssten Sie korrekterweise für jede Person einen Fragebogen ausfüllen.

Da sich die Befragten sicherlich gegenseitig beeinflussen, ist es weitaus besser, nur eine Person eines Paares oder einer Gruppe zu interviewen.

Beispiel: Sie treffen auf ein Paar und fragen eine der beiden Personen, wie der Traumpartner aussehen sollte ...

Sind alle Fragen gestellt? Dann folgt die Verabschiedung.

Ende

Bedanken Sie sich für das Gespräch und für die Zeit, die sich der Befragte für das Interview genommen hat.

Beantworten Sie bei Nachfrage, wer Sie sind und weshalb Sie fragen beziehungsweise fragten.

200 Lügen am Tag?

Laut Professor Peter Stiegnitz (1936 – 2017), Lügenforscher aus Ungarn, lügen Menschen etwa 200 Mal am Tag.

Seiner Meinung nach sagen Männer rund zwanzig Prozent häufiger die Unwahrheit als Frauen, da Männer angeblich eher erst reden und dann denken.

Ein Kind beginnt erst im Alter zwischen drei und fünf Jahren zu lügen, sobald es erkennt, dass andere Menschen auch anders denken können.

Theorie des Verstands

Es erkennt, dass es sich durch Schwindeln oder Lügen einen Vorteil verschaffen kann.

Dies wird ‚Theorie des Verstands‘ genannt.

Weshalb lügt der Mensch?

Offensichtlich lügt der Mensch, weil er so leichter (und erfolgreicher?) durchs Leben gelangt.

- Dabei kann die Lüge bewusst unwahr sein.
    - egoistische Lüge
    - parteiische Lüge
    - heroische Lüge
- Oder, eine Lüge bei einer nicht beabsichtigten Falschaussage.
- Oder, eine Lüge kann aufgrund falscher Informationen zustande kommen.

Welche Motive hinter der Lüge stecken – der Interviewer will die ‚Wahrheit‘ hören.

Deshalb durch den geschickten Aufbau des Fragebogens eine Dramaturgie schaffen, die den Befragten möglichst zur ehrlichen Antwort bewegt.

Einfache Wörter, einfache Fragen, klare Sätze, keine Fremdwörter usw. tragen zu diesem Effekt bei. Kontrollfragen können eingebaut werden, um zu erkennen, ob annähernd wahrheitsgemäß geantwortet wird.

Wer lügt und wie oft?

Baby 	3 – 5 Jahre 
0 Lügen.	Ca. 10 Lügen am Tag.

Erwachsene

160 Lügen pro Tag.

Erwachsener

Angeblich 200 Lügen pro Tag. Bei 7,2 Milliarden Menschen auf dieser Welt sind das 1,44 Billionen Lügen, und zwar täglich.

80-Jährige

Hat demnach ca. 4.500.000 Mal im Leben gelogen.

80-Jähriger

Kommt auf etwa 5.500.000 Lügen im Leben.

Lügen ... oder unwillkürliche Gesichtsbewegungen

Die Grundemotionen starten unbewusst. Der US-Emotions-
forscher Paul Ekman (*1934) fand heraus, dass sich auch
bei bewusst eingesetztem Mienenspiel unwillkürliche – und
damit nicht kontrollierbare – Gesichtsbewegungen einmi-
schen.

Diese halten – laut Ekman – etwa eine dreißigstel Sekunde
an und sind für den Laien so gut wie nicht bewusst zu erkennen.

Microexpressions

Er bezeichnet das als ‚Microexpressions‘. Ekman behauptet
sogar, dass es 35 Indizien der Mimik, Gestik oder Stimme
gibt, die auf eine Lüge hinweisen können.

Also, denken Sie daran: Mimik, als wichtiges Element der Körpersprache, wird vom Gegenüber (unbewusst – und meist richtig) gedeutet.

Die innere Bereitschaft, ehrlich mit dem Gegenüber umzugehen, erweist sich auch hier als Vorteil.

Lügenpresse

Das Unwort des Jahres 2014 ist die Lügenpresse. Dieser Ausdruck wurde bereits im 1. Weltkrieg und im Nationalsozialismus verwendet. 2014 demonstrierten Bürger auf der Straße und skandierten diesen Begriff, ohne die historischen Hintergründe zu kennen.

Sie behaupteten, dass die Presse bewusst Falschmeldungen im Umlauf bringen.

Fake News

Spätestens seit der Amtszeit des US-Präsidenten Donald Trump (*1946) ist der Begriff der Fake News in aller Munde.

Als Fake News werden Nachrichten bezeichnet, die bewusst manipulativ in den Medien (bevorzugt im Internet) platziert werden.

Der Inhalt der Fake News gilt als falsch; also werden Unwahrheiten verbreitet.

Fake News gehören selbstverständlich nicht zur seriösen journalistischen Berichterstattung.

Alternative Fakten

Noch einmal brachte 2017 ein Begriff aus der Pressearbeit in die Medien: Alternative Fakten. Der Begriff schaffte es auf die Liste der ‚Unwörter des Jahres‘.

Die Bezeichnung ist eine irreführende und gleichzeitig verschleiernde Aussage korrekter Daten.

Donald Trumps Beraterin Kellyanne Conway hatte diesen Begriff erstmals eingesetzt.

www.unwortdesjahres.net, die diesen Begriff als Unwort festlegten, schreibt dazu: „Mit diesem Ausdruck werden Falschbehauptungen salonfähig gemacht und mit Tatsachenbehauptungen auf eine Stufe gehoben.“

Der Umgang mit der Presse

Die Aufgabe eines Journalisten ist es, Informationen zu sammeln, zu recherchieren, Meinungen einzufangen und die Ergebnisse neutral wiederzugeben.

Presse

Das Wort Presse leitet sich aus der Zeit Johannes Gutenbergs (Johannes Gensfleisch, genannt Gutenberg ca. 1400 – 1468, Mainzer Buchdrucker und Erfinder der Druckerpresse) ab, und zwar von den damals entstandenen Druckpressen.

Der Begriff Presse wurde auf alle Druckerzeugnisse übertragen. Dazu gehören beispielsweise Plakate, Werbezettel, Flugzettel, Zeitungen, Zeitschriften, Bücher und so weiter.

Heutzutage tritt die Presse ergänzend in Medien auf wie Radio, Fernsehen und Internet. Hier wird von Massenmedien gesprochen.

Pressesicherheit

So kann es schnell geschehen, dass der recherchierende oder berichtende Journalist in kritische Situationen gerät.

Beispielsweise dann, wenn er etwas veröffentlicht, was gegen die Interessen oder Ansichten des Mainstreams, der Politikverantwortlichen, Stars und Sternchen, Wirtschaftsbosse, Sportler und anderer gerichtet erscheint.

Manchmal werden Journalisten als ‚nervend' dargestellt oder sogar als störend. Speziell dann, wenn sie auf der Fährte einer Sache sind, die der Öffentlichkeit vorenthalten werden sollen.

Stellvertretend steht hier der investigative (nachforschende) Journalismus, der Missstände aufdeckt.

Pressefreiheit

Deshalb genießt der Journalist einen gewissen Schutz.

Der Artikel 5 des Grundgesetzes sichert ihm den Schutz der Pressefreiheit zu. Er garantiert beispielsweise die unzensierte Veröffentlichung seiner Veröffentlichungen.

Pressekodex

Erstmals 1973 veröffentlicht der Deutsche Presserat (Trägerverein des Deutschen Presserats e.V.) einen Pressekodex, der immer wieder überarbeitet wird.

Der Pressekodex (Publizistische Grundsätze) ist eine freiwillige Selbstverpflichtung der Journalisten. Die Verpflichtung zielt darauf, seriös und ehrenhaft zu arbeiten. Insgesamt umfasst der Pressekodex 16 Kriterien.

Journalistische Selbstverpflichtung

Nehmen wir an, Sie wollten im journalistischen Sinne aktiv werden, sollten Sie sich zu diesen ausgesuchten Grundsätzen bekennen. Sie sind dem Pressekodex angelehnt.

1	Ich achte die Menschenwürde.
2	Ich achte das Privatleben des Menschen.
3	Ich verletze niemanden bei meinen Veröffentlichungen, weder durch Ton, Wort oder Bild.
4	Ich diskriminiere niemanden.
5	Ich veröffentliche die Wahrheit.
6	Ich setze keine Behauptungen oder Gerüchte in die Welt.
7	Ich vermeide eine Darstellung, die der Sensationslust dient.
8	Ich recherchiere sorgfältig und nur im legalen Umfeld.
9	Ich wahre Vertraulichkeit.

10	Ich lasse mich weder bestechen noch nehme ich Zu-wendungen oder Vergünstigungen an.

Der offene Austausch im Sinne des Journalismus ist nicht in jedem Land gewährleistet. Deshalb sollten wir in unserer Kultur froh sein, dass wir frei reden und schreiben können.

Sollte also einmal ein Journalist auf Sie zukommen, zum Beispiel mit ausgestrecktem Mikrofon in der Hand, wenn Sie gerade im Einkaufsbummel unterwegs sind, nehmen Sie sich ein paar Minuten Zeit, um auf die Fragen zu antworten.

Wir alle profitieren vom gegenseitigen Austausch.

Pressearbeit

In vielen Unternehmen gibt es eine Abteilung namens Pressearbeit oder Öffentlichkeit-Arbeit.

Pressereferent

Der Chef in der Abteilung ist der Pressereferent. Eine seiner Aufgaben ist es, Einzel-Anfragen zu beantworten. Häufig tritt er nicht in der Öffentlichkeit auf. Dafür ist der Pressesprecher zuständig.

Pressesprecher

Der Pressesprecher tritt vor die Medien und Journalisten, um ihnen Informationen aus der Unternehmens-Tätigkeit bekanntzugeben.

Er tritt im Gegensatz zum Pressereferenten in einer größeren Öffentlichkeit oder bei Pressekonferenzen auf. Er steht den Journalisten Rede und Antwort.

Die Arbeit des Pressesprechers hört sich begehrenswert an.

Tatsächlich muss der Pressesprecher sehr gut rhetorisch geschult sein, um nur gewünschte Informationen an die wissbegierige Presse weiterzuleiten, die im Sinn des Unternehmens dazu geeignet sind.

Gerade bei Unfällen oder in Katastrophensituationen zeigt sich die Professionalität des Pressesprechers.

Dann lädt er zu einer Pressekonferenz ein.

Pressekonferenz

Sollen gleichzeitig mehrere Journalisten oder sonstige Interessierte informiert werden, eignet sich eine Pressekonferenz.

Häufig wird diese in den Gebäuden des Unternehmens umgesetzt. Pressekonferenzen werden beispielsweise dann gehalten, wenn

- Informationen gegeben werden sollen,
- zu Gerüchten Stellung genommen wird,
- Ankündigungen erfolgen oder
- Statements gegeben werden.

Dazu werden die Vertreter der Presse eingeladen.

Pressevertreter

Pressevertreter sind die Journalisten, die ihr Medium vertreten.

Zu manchen Pressekonferenzen sind nur Pressevertreter eingeladen, die sich vorher akkreditieren ließen.

Sie haben sich beworben, als Journalist die Zulassung zu bestimmten Veranstaltungen zu erhalten.

Gegebenenfalls erhalten Sie dann eine Presse-Eintrittskarte.

In anderen Fällen hat jeder interessierte Journalist Zutritt.

Nachdem der Pressesprecher seine Informationen gegeben hat, können die Journalisten Fragen stellen.

Sind Sie ein Journalist, gehen Sie wie folgt vor:

1. Melden Sie sich mit Handzeichen.
2. Werden Sie aufgerufen, stellen Sie sich, um besser gesehen zu werden.
3. Nennen Sie Ihren Namen und gegebenenfalls das Medium, das Sie vertreten.
4. Stellen Sie verständlich und laut genug Ihre Frage. Halten Sie diese kurz und prägnant.
5. Lauschen Sie aufmerksam der Antwort. Gegebenenfalls machen Sie sich Notizen.
6. Bedanken Sie sich für die Antwort und nehmen wieder Platz.

Pressemappe

Manchmal hat die Presseabteilung eine Pressemappe vorbereitet. In dieser finden Sie dann eine schriftliche Presseerklärung.

Die Informationen können Sie für Ihre Veröffentlichung benutzen.

Sperrfrist

Hin und wieder treffen Sie auf eine sogenannte Sperrfrist.

Das heißt, dass Sie die Informationen erst ab einem bestimmten Datum und ab einer bestimmten Uhrzeit verwenden beziehungsweise veröffentlichen dürfen.

Halten Sie sich auf jeden Fall an diese Sperrfrist, um das übertragene Vertrauen nicht zu schädigen.

Die Körpersprache des Pressesprechers am Rednerpult

Freies Präsentieren ist nicht gleichzusetzen mit dem Halten einer Rede hinter einem Rednerpult.

Eine Rede beginnt nicht erst am Rednerpult, sondern schon dann, wenn der Redner in Richtung Pult geht.

Der Weg dorthin kann ziemlich lang werden. Bereits die Art, wie der Redner sich erhebt, beeinflusst sein Publikum.

Steht er hastig oder schwerfällig auf? Oder scheint er ganz selbstbewusst, ruhig und natürlich zu sein?

Am Rednerpult angekommen, atmet der Redner erst einmal ganz ruhig ein und aus. Er kommt so zur Ruhe und kann sich sammeln.

Beide Füße sind gleichmäßig belastet. Dabei stehen beide Füße etwa hüftbreit auseinander.

Befinden sich die Füße zu eng beieinander, dann wirkt der Redner unsicher auf das Publikum.

Bewegung während der Präsentation wirkt dynamisch: Nach vorn bedeutet Aktivität, zurück wirkt eher defensiv.

Der Redner steht aufrecht und gerade. Zeigt sein Kopf zu weit nach oben, entsteht sofort der Eindruck von Arroganz.

Ein Fehler vieler Anfänger: Gestik, Mimik und Körperhaltung bewusst anders darzustellen. Der Zuschauer erkennt sofort die unnatürliche, verkrampfte Haltung.

Jeder Mensch hat seine eigenen Charakteristika, die seine Persönlichkeit ausmachen.

Diese sollen nicht verzerrt werden, sonst geht die Glaubwürdigkeit schnell verloren.

Und so sehen es die Journalisten:

„Das Rednerpult, aus dünnem Rohrgestänge, bietet weder Schutz noch Versteck. Jürgen E. Schremp, 57, ist in voller Größe zu sehen, vom Scheitel bis zur Sohle, er muss auf seine Beine achten, um gute Wirkung zu erzielen.

Er schiebt die Füße vor und zurück, das macht die Figur schmal, er wechselt hin und wieder Stand- und Spielbein, aber oft steht er breitbeinig, fest, das Kinn oben, wie ein Turnlehrer, und dann meint man zu ahnen, was er von dieser Versammlung wirklich hält."

(Quelle: Der Spiegel 16/2002 Artikel: ‚Laut gebellt, nicht gebissen' über die Hauptversammlung DaimlerChrysler.)

Hinter dem Rednerpult 1

Redner versteckt die Hände.

Er wirkt zurückhaltend, eingeschränkt, vielleicht sogar schüchtern. Er hat Schwierigkeiten, sein Publikum zu überzeugen.

Hinter dem Rednerpult 2

Redner blockiert durch die
vor den Körper parallel lie-
genden Unterarme.

Nun sind die Hände sichtbar, die bekanntlich viel beim
Reden verraten.

Die verschränkten Arme blockieren trotzdem die Sprache
des Körpers.

Auf die Zuhörer mag das blockierend und unsicher wirken.

Hinter dem Rednerpult 3

Redner signalisiert eine gewisse Offenheit, hält sich
aber immer noch am Pult
fest.

So kann der Redner offen und ausladend mit seinen Hän-
den und Armen arbeiten.

Seine Körpersprache wirkt freier und überzeugender.

Bundespressekonferenz

In der Bundespressekonferenz sitzen dreimal wöchentlich

- die Bundespressesprecher, davon einer für jedes Ministerium und eine Person für die Kanzlerin beziehungsweise den Kanzler nebeneinander vor den Reihen der Journalisten.

Der Spiegel bezeichnet die Sprecher als

- ‚verbale Verpackungskünstler`, als
- ‚hochfein gestimmte Sprachverwirrer`, als
- ‚Jongleure mit Wörtern am Abgrund der Lüge`.

Er bezeichnet deren Aufgaben (in dieser Reihenfolge) als:

- Schweigen
- Mauern
- Abstreiten
- Thema setzen

Einige der dort gemachten Aussagen (lt. Spiegel)

- „Ich erkläre das bilateral.“
- „Das Kabinett hat einmütig, vorbehaltlich einer gesetzlichen Regelung, keine Veranlassung gesehen …“

(Quelle: Der Spiegel 14/2002)

„Danke für das Interview"

Liebe Leserin, lieber Leser, haben Sie das Presse-Interview gut überstanden?

Ist es Ihnen gelungen, alle Fragen in Ihrem Sinn zu beantworten?

Und sollten Sie selbst ein Interview führen, sind Sie nun vorbereitet? Sie wissen, wie Sie sich vorbereiten können und wie Sie auf andere zugehen können.

Sie sollten vorbereitet sein, angelogen zu werden.

Verhalten Sie sich deshalb in den Interviews so, dass Ihr Gesprächspartner eine vertrauensvolle und angenehme Atmosphäre fühlt.

Je wohler ihm ist, desto eher bekommen Sie die Antworten, die ehrlich gemeint sind.

Ausleitung

„Alles gefragt?"

Liebe Leserin, lieber Leser, Sie haben sich durch den Bereich der Fragetechniken gearbeitet und wissen, wie Befragungen und Interviews zu führen sind.

Sie kennen Fragearten und Fragetechniken, um gezielt die Antworten zu erhalten, die Sie benötigen, um Informationen zu erhalten, Sachinhalte zu klären oder taktisch vorzugehen.

Weiter konnten Sie Risiken von ungeschickt gestellten Fragen erfahren und wissen, wie Fragefehler vermieden werden können.

Es wurde darüber geschrieben, weshalb mit Lügen von Befragten zu rechnen ist.

Ihr Auftritt mit Journalisten sollte ohne größere Komplikationen erfolgreich verlaufen.

Guten Erfolg mit Ihrem Wissen und Ihren Fähigkeiten.

Alles Beste bis zu einem möglichen ‚Wiederlesen' in einem anderen Ratgeber unserer Reihe „Das kleine Rhetorik-Handbuch [2100]".

Horst Hanisch

Stichwortverzeichnis

Knigge als Synonym

Umgang mit Menschen

Suche weniger selbst zu glänzen, als andern Gelegenheit zu geben, sich von vorteilhaften Seiten zu zeigen, wenn Du gelobt werden und gefallen willst.

Adolph Freiherr Knigge, aus dem Buch „Über den Umgang mit Menschen",
1788
(1752 - 1796)

Schon zu seinen Lebzeiten war Adolph Freiherr Knigge (1752 – 1796) umstritten. Knigge setzte sich durch sein energisches Eintreten für die Ziele der Aufklärung, so wie er sie verstand, scharfen Angriffen aus. Er arbeitete als Romanschriftsteller und Satiriker sowie als politischer Schriftsteller. Er gehörte den Freimaurern an. Heute ist Knigge vor allem seines Buches wegen ‚Über den Umgang mit Menschen' (1788) bekannt. Und zwar deswegen, weil sein Werk als Etikette-Buch angesehen wird.

Das große Missverständnis

Knigge verdankt seinen heutigen Ruf und Erfolg aber einem Missverständnis. Denn: Das Werk Adolph Freiherr Knigges gilt als Etikette-Buch ersten Rangs. Allerdings beschreibt Knigge keine Regeln wie mit Besteck umzugehen ist oder das Verhalten bei Tisch, stattdessen offenbart er eine praktische Lebensphilosophie im Umgang mit Mitmenschen. Er gibt Anleitungen und Anregungen, wie mit seinen Mitmenschen richtig umzugehen ist. Knigge hoffte damit, dass die Menschen glücklich und froh miteinander leben könnten. Sein Buch erschien 1788 und war schon kurze Zeit in fast allen Haushalten zu finden. Auch über 200 Jahre nach Erscheinen prägt sich sein Buch im Bewusstsein der Leser als praktisches Handbuch über gutes Benehmen ein.

Über den Umgang mit Menschen

In drei Teilen seines Buches hat Knigge über den Umgang mit verschiedenen Menschengruppen geschrieben, zum Beispiel:

- Über den Umgang mit Leuten von verschiedenen Gemütsarten, Temperamenten und Stimmungen des Geistes und des Herzens (Erster Teil, 3. Kapitel)
- Über den Umgang mit Frauenzimmern (Zweiter Teil, 5. Kapitel)

- Über die Verhältnisse zwischen Herrn und Dienern (Zweiter Teil, 7. Kapitel)
- Über das Verhältnis zwischen Wohltätern und denen, welche Wohltaten empfangen; wie auch unter Lehrern und Schülern, Gläubigern und Schuldnern (Zweiter Teil, 10. Kapitel)
- Über den Umgang mit den Großen der Erde, mit Fürsten, Vornehmen und Reichen (Dritter Teil, 1. Kapitel)

Knigge heute als Synonym für Umgangsformen

Obwohl es heute klar ist, dass Knigge anderes verfolgte, als wir unter seinem Namen verstehen, soll ‚Knigge' als Synonym für den Bereich stehen, dem sich das vorliegende Handbuch widmet.

Wir behandeln das Thema Kommunikation in seinen Details. Ist das nichts anderes als der Umgang mit Menschen?

Gerade davon ausgehend, dass die zwischenmenschliche Kommunikation einen immensen Einfluss auf das Wohl und Gedeih eines Einzelnen nimmt, passt dieser Ratgeber gedanklich zu den Ideen des Freiherrn Knigge.

12 Ratgeber in der kleinen Knigge-Reihe

Der kleine ... -Knigge 2100 (Je € 9,70; 88 Seiten, 12x19 cm, kartoniert)

Anstands- und Banausen-...
Business- und Kunden-...
Büro- und Kollegen-...
Gäste- und Gastgeber-...
Gesellschafts- und Freunde-...
Outfit- und Stil-...

Interkulturelle- und Auslands-...
Bewerbungs- und Vorstellungs-...
Event- und Feste-...
Gastro- und Tischsitten-...
Speisen- und Exoten-...
Trinkkultur- und Getränke-...

12 x kleines Handbuch der Rhetorik 2100

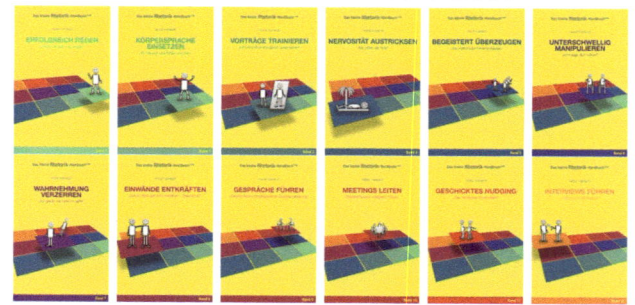

Der kleine Handbuch der Rhetorik 2100 (Je € 9,70; 100 Seiten, 12x19 cm)

Erfolgreich reden
Körpersprache einsetzen
Gezielt trainieren
Nervosität austricksen
Begeistert überzeugen
Unterschwellig manipulieren

Wahrnehmung verzerren
Einwände entkräften
Gespräche führen
Meetings leiten
Geschicktes Nudging
Interviews führen

4 Ratgeber in der Ego-Management-Reihe

Jeder Ratgeber € 14,90, 104 Seiten, A5
Persönlichkeits-Management – Ego-Knigge [2100] Soft Skills, Selbst-Reflexion und Selbst-Bewusstsein

Stress-Management – Ego-Knigge [2100] Lampenfieber, Stressoren, Gerüchte, Mobbing, Burnout, Stressvermeidung
Zeit-Management– Ego-Knigge [2100] Umgang mit der Zeit, Organisation von Arbeitsabläufen, Perfektionismus, Zielsetzung
Gedächtnis-Management – Ego-Knigge [2100] Gehirn, Intelligenz, Schwachsinn – Hochbegabung, Gedächtnis, Lerntechniken

4 Ratgeber in der Reihe Lebenseinstellung

Jeder Ratgeber € 12,95, 160 Seiten, A5
Aberglaube-Knigge [2100] Von schwarzen Katzen, der linken Hand des Teufels und den Glücksbringern

Lügen- und Egoismus-Knigge [2100] Überleben durch Flunkern, Schummeln und Täuschen! Macht, Respekt, Wertschätzung? Lebenslüge und Lebensschutz
Glücks-Knigge [2100] Vom Glücklichsein, positiven Denken und von Freundschaften
Angst- und Optimismus-Knigge [2100] Die Furcht beherrschen, Ängste nutzen und positiv durchs Leben gehen

3 Ratgeber Bräutigam, Braut, Brautpaar

Bräutigam-Knigge [2100] Verlobung und Polterabend, Schwiegereltern und das Ja-Wort, Hochzeits-Outfit und Hochzeits-Kutsche
Braut-Knigge [2100] Brautkleid und Accessoires, Das große Hochzeitsfest, Höhepunkte und Hochzeitstanz

Brautpaar-Knigge [2100] Historisches und Sonderbares, Planung und Organisation, Aberglaube und Hochzeitsbräuche
Jeder Ratgeber € 15,90, 104 Seiten, A5, kartoniert

2 Ratgeber Selbst-Coaching

Jeder Ratgeber € 12,95, 120 Seiten, A5
Selbstbewusstsein Knigge [2100] Ich bin, ich kann, ich will. Das eigene Leben bestimmen, Soft Skills, The Winner 1
Selbstwertgefühl Knigge [2100] Steh auf! – Werde aktiv! – Zeige Profil! Das eigene Leben beeinflussen, Motivation, The Winner 2

Leben und Lifestyle

Das kleine Knigge-Quiz [2100] € 9,70; 96 Seiten, 12x19 cm, kartoniert
Jugend-Knigge [2100] Knigge für junge Leute und Berufseinsteiger, € 15,90; 152 Seiten
Zukunfts-Knigge [2100] Verfall der Sitten und Verlust der Wertschätzung? Umgangsformen in 100 Jahren. Zusammenleben mit Menschen, Maschinen und menschenähnlichen Robotern, € 14,95; 172 Seiten A5 kartoniert
Hochzeits-Knigge [2100] Hochzeitsbräuche, Geschenke, Brautjungfer, Trauung, Festgäste und Festmahl, € 29,95; 310 Seiten A5
Ü65- und Senioren-Knigge [2100] Die junge Alten und die alten Jungen, Kommunikation und Verständnis zwischen den Generationen, Einsamkeit und technischer Fortschritt, € 19,95; 180 Seiten A5
Blumen-Knigge [2100] Historisches, Mystisches, Festliches, Blumen-Sprache, Umgang mit Blumen-Präsenten, € 19,95; 144 Seiten A5
Bekleidung! Ausdruck der Persönlichkeit – Lukas' Outfit-Knigge [2100], € 19,95; 196 Seiten A5
Nudel-Knigge [2100] Himmlische Teigwaren, € 17,95; 140 Seiten A5
Der Interkulturelle Kompetenz-Knigge [2100] Kultur, Kompetenz, Eindrücke – Gesten, Rituale, Zeitempfinden – Berichte, Tipps, Erlebnisse, € 29,95; 240 Seiten A5
Wertschätzung-Knigge [2100] Gleichberechtigung, Gender und Respekt, Sexuelle Orientierung, Umgang bei Diskriminierung und Mobbing, € 14,95; 152 Seiten A5
Dschungel-Knigge [2100] Umgang in ungewohnter Umgebung, € 23,95; 192 Seiten A5
Der Dicke-Knigge [2100] Aus dem prallen Leben des Dicken, € 15,90; 104 Seiten A5
Typisch Frau – Typisch Mann Knigge [2100] Unterschiede und Gemeinsamkeiten im Umgang mit dem anderen Geschlecht, € 12,95; 128 Seiten A5
Kulinarischer und Gastronomischer Knigge [2100] Von Events, Feiern, Aperitif über Esskultur, Speisen und Getränken zu zeitgemäßen Tischsitten, € 26,50; 284 Seiten A5
Klo- und Pinkel-Knigge [2100] Vom privaten und öffentlichen Bedürfnis - Umgangsformen im Tabu-Bereich, € 13,50; 104 Seiten A5
Omi hüpf' mal Märchen meiner Großmutter, Erlebnisse ihre Jugend und wahre Geschichten meines Vaters von und über Omi Rickchen, Hardcover, € 29,95; 312 Seiten
Der Hunde-Knigge [2100] Umgang mit dem Hund – Hundesprache – Der Hund in der Gesellschaft, € 17,95; 180 Seiten A5
Welcome to Germany-Knigge [2100] Umgangsformen, Verhaltensmuster und gesellschaftliches Miteinander im deutschsprachigen Europa, € 11,99; 108 Seiten A5
Besuch willkommen Knigge [2100] Einladung, Gast, Geschenk, Empfang, Feier, Gastfreundschaft, € 14,95; 200 Seiten A5
Leben, Tod und Ansichten Austausch mit Berühmtheiten über Wichtiges und Unwichtiges im Leben, € 12,95; 116 Seiten A5
Leben, Tod und Überlegungen Austausch mit Berühmtheiten über Größe, Ewigkeit und Spaß im Leben, € 12,95; 116 Seiten A5
Tod, Trauer, Totenkult-Knigge [2100] Sterben, Trost, Takt, Bestatten, Tradition, Vorsorge, Tabus, Vergänglichkeit und Sonderbares, € 17,95; 212 Seiten A5

Leben und Lifestyle

Rhetorik, Soft Skills, Hochschule, Beruf

Rhetorik ist Silber Von den ersten Schritten zu einer perfekten Präsentation, € 17,90; 144 Seiten A5, kartoniert, Zeichnungen
Moderation ist Gold Gesprächsführung, Umfragen, Talkrunden und Manipulation, € 17,90; 144 Seiten A5, kartoniert, Zeichnungen
Lebhafte Körpersprache in Vorträgen, Präsentationen, Gesprächen, € 17,90; 144 Seiten A5, kartoniert, ca. 290 Zeichnungen
Rhetoric – Mastering the Art of Persuasion, € 22,90; 144 Seiten A5, kartoniert
Discussion – Mastering the Skills of Moderation, € 22,90; 144 Seiten A5, kartoniert, Zeichnungen
Body Language in Europe, € 22,90; 144 Seiten A5, kartoniert, ca. 290 Zeichnungen
Körpersprache – Lüge, Verrat, Macht, Im Beruf, vor Gericht, beim Flirt – Gewinnerpose und Demutshaltung – Drohung und Zuneigung; € 29,95; 364 Seiten A5, kartoniert, über 400 Zeichnungen
Das große Buch der Rhetorik [2100] Tacheles reden; Präsentieren; manipulieren und überzeugen, € 37,45; 332 Seiten A5, kartoniert, viele Darstellungen
Trickreiche Rhetorik [2100] Psychologische Gesprächsführung, manipulierende Darstellung, unaufdringliches Nudging, € 37,45: 300 Seiten A5, kartoniert, Zeichnungen
Soft Skills-Knigge [2100] Soziale, Persönlichkeit, Selbstmanagement, € 37,45; 324 Seiten A5, kartoniert, viele Darstellungen
Schlagfertigkeit-, Spontaneität-, Stegreif-Knigge [2100] Impulsiv handeln, verbale Angriffe kontern, Störungen entwaffnen, € 13,50; 104 Seiten A5
Pitch Skills und Überzeugungs-Knigge [2100] Elevator Pitch, Geldgeber beeindrucken, Feuer versprühen, € 13,50; 128 Seiten A5, kartoniert
Smalltalk-Knigge [2100] Vom kleinen Gespräch bis zum charmanten Flirt - Kontakt ausbauen, Sympathie zeigen, Begehrlichkeit wecken, € 13,50; 100 Seiten A5
Quassel-Knigge [2100] Quasseln, Quatschen, Quengeln oder Lebenswichtige Kommunikation – Gezielt eingesetzte Rhetorik – Aussagekräftiges Profil zeigen, € 13,50; 112 Seiten A5
Hochschul-Knigge [2100] Studentischer Umgang in und außerhalb der Hochschule am Beispiel der Cologne Business School, 132 Seiten A5, kartoniert, Fotos
Jugend-Karriere-Knigge [2100] Schule und Studium, Netzwerk und Klüngel, Erfolg und Risiken, € 19,95; 224 Seiten A5, kartoniert, Zeichnungen, Checklisten
Bewerbungs-Knigge [2100] **für Frauen – Tina bewirbt sich / Bewerbungs-Knigge** [2100] **für Männer – Tom bewirbt sich**, Vorbereitung, Wahl der Kleidung, Verhalten beim Bewerbungsgespräch, je € 19,70; 128 Seiten A5, kartoniert, Fotos, Checklisten
Kreativitäts-Knigge [2100], Visionärhaft denken, Scheuklappen sprengen, Mentales Risiko eingehen, € 14,95; 164 Seiten A5, kartoniert
Team und Typ-Knigge [2100], Ich und Wir, Typen und Charaktere, Team-Entwicklung, € 14,95; 128 Seiten A5, kartoniert, viele Darstellungen
Die flotte Generation Y im 21. Jahrhundert, selbstbewusst – lebensbetonend – flexibel. Wie mit der Generation Y zielorientiert und erfolgreich gearbeitet werden kann, € 12,95; 116 Seiten A5, kartoniert, Zeichnungen
Die flotte Generation Z im 21. Jahrhundert, entscheidungsfreudig – effizient – eigenverantwortlich. Wie mit der Generation Z zielorientiert und erfolgreich gearbeitet werden kann, € 12,95; 140 Seiten A5, kartoniert, Zeichnungen

Rhetorik, Soft Skills, Hochschule, Beruf

Englisch:

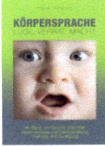   

 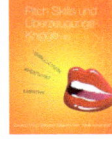  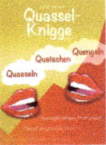

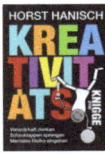  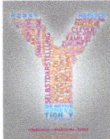 

Beratung, Coaching, Seminar

Wer hat nicht gerne mit Menschen zu tun, die selbstbewusst und selbstsicher mit anderen Menschen umgehen?

Geschäftspartnern, die die elementaren Regeln des
‚Benimms' beherrschen, stehen die Türen zum Erfolg offen.

Unternehmen, die neben ihrer fachlichen Leistung auch ‚menschlich'
überzeugen wollen, bieten wir für ihre Mitarbeiterinnen und Mitarbeiter
aktives Training im Umgang mit Kunden, Gästen, Kollegen und Gesprächspartnern an.

Auf unserer Website informieren wir Sie über unsere Angebote:

- Firmen-Internes-Training
→ Business-Etikette und das Lehrmenü
→ Präsentieren, Moderieren, Kommunizieren
→ Körpersprache und ihre Geheimnisse
- Offen ausgeschriebene Seminare
→ Teuflische Rhetorik
→ Flottes Reden vor und zu anderen
→ Der erste Eindruck

→ Ladies Power
- Individuelles Einzelcoaching
→ Authentisches Auftreten
→ Dress for Success
→ Verhandlungstechniken
→ Persönlichkeit
- Interkulturelles Training
- Freundlichkeits-Checks in Unternehmen
- Workshops

→ Soft Skills
→ Team-Training
- Intensiv-Training für
→ TV-Auftritte
→ Vorträge
→ Präsentationen
→ Reden
- Fachliteratur und Arbeitsunterlagen
- Vorträge/Speaker
→ Vor kleinem und vor großem Publikum

Individuelles Coaching für Einzelpersonen: Und, wer es ganz individuell
mag, greift zurück auf ein Einzel-Coaching. Hier werden ganz persönliche
Herausforderungen angegangen, mit Themen wie:

- Interkulturelle Kompetenz
- Selbstsicheres Auftreten
- Präsentations-Techniken
- Erfolgreiche Verhandlungsführung

- Der Erste Eindruck
- Bewerbungstraining
- Rhetorik und Überzeugungskraft

und andere Themen – direkt auf die besonderen Bedürfnisse des Einzelnen zugeschnitten. Besuchen Sie uns auf www.knigge-seminare.de